朝日新書
Asahi Shinsho 771

コロナが加速する格差消費

分断される階層の真実

三浦　展

朝日新聞出版

コロナが加速する格差消費

分断される階層の真実

目次

第1章 上・中・下流の条件 ～氷河期世代の階層と消費 67

第2章　「さとり」は嘘。金と地位の上昇を希望
～平成世代・氷河期世代・バブル世代の比較　117

第3章 余暇、美容・健康、情報の格差
～平成世代の階層と消費 145

あとがきにかえて

序章

ポスト・コロナ時代の格差と消費

～何が問題で、どう変わるのか

1　コロナ問題の本質

本書は団塊ジュニア、あるいは氷河期世代、ロスト・ジェネレーションなどと呼ばれる世代、またゆとり世代、さとり世代、平成生まれなどと呼ばれる現在のほぼ20代の若者について、階層の違いによって、彼らの意識、行動、特に消費行動にどのような違いがあるかを調べることを主眼として企画された。

そのため、日本における世代についての私なりの定義を以下の「世代論の基本」（40ページ）で述べる。ただしこれは参照資料的なものなので、知識のある人はここを読み飛ばして、後から随時参照してもらってかまわない。

言い換えると、本書の主題は、現代の日本において**中流であるための条件は何か？**ということである。かつての中流家庭のイメージは正社員の夫と専業主婦の妻と子ども2人から成る標準世帯である。

だが今は正社員でない人も多く、そのため経済格差も大きい。経済格差があるがゆえに結婚せず、ずっと未婚、一人暮らしという人も増えた。つまり標準世帯がちっとも標準ではなくなった。

そのためますます経済格差のみならず、生活全体の格差が広がった。こういったことを教科書的に概観できる本を書くつもりであった。

コロナが可視化した職業格差・身分の差

ところが、書いているあいだに新型コロナウイルスの蔓延が深刻化してきた。そして実は今自分が書いている本が、コロナ問題と関連していることに気がついた。コロナ問題は中流の条件、格差問題とも単身者の暮らしとも深く関わっているんじゃないか！

非正規雇用者の解雇、自粛で売り上げ・収入が減る人（私もそうだ）と、まったく安心な公務員という対比がまず明らかだ。派遣社員は、在宅勤務が許されないケースも多かった。

また、売り上げ・収入が減っても少しは補償される人と事実上ほとんどされない人という対比もある。自営業は「持続化給付金」で100万円もらえるが、それでは全然不足という人は多いだろう。だが大企業は国が投資してくれる。ものすごい対比である。

どこかの総理大臣は、すべての人に一律の補助は出せない、たとえば国会議員の給料は下がらないのに補助は出せないとのたまってひんしゅくを買ったが、本人はひんしゅくを買ったと思っていない。これこそが格差だ！　基本的な日常生活感覚に著しい格差がある。

アメリカでは低所得者でコロナに感染、死亡する人の割合が高いという。人種的にはヒスパニック（ラテン系）と黒人である。アメリカは国民皆保険ではないということが大きな要因らしいが、低所得者ほど在宅勤務のできない仕事をしているという理由もあるだろう。

日本ではどうなのか、統計がないが、低所得者ほど在宅勤務のできない仕事をしている傾向があるのは同じだろう。大都市で多い、飲食業、サービス業、特に対人的な職業には、低所得の人、非正規雇用者が多い。そういう人たち、たとえば都心のビルの管理や清掃をしている人が、コロナだからといって自宅の近くのビルの管理や清掃をするわけにはいかない。

２０２０年4月下旬時点での全国の男女年齢別感染率を見ると男性は30〜50代がそれぞれ10万人あたり12〜13人であり、女性は20代女性が13・４人で断トツで多い。

福岡市長がＹｏｕＴｕｂｅで4月下旬に説明した内容によると、男性は50代の感染者が最多で30代と40代がほぼ同数でそれに次ぐ。次の60代は50代の６割ほど。女性は30代が最多、20代がそれに次ぎ、他の年齢はずっと少ない。また感染者の８割が男性、経営者・役員が34％、原因は会食・飲食が38％だった。発生地点は中洲が１位、次いで天神、博多であった。

20〜30代女性には正規雇用者以外が多く、介護・福祉、小売り・飲食・ホテルなどの接客、美容師、エステティシャン、ネイリスト、キャバクラ嬢など対人的サービス業が多いことも影響しているのだろう（詳細な元データがないし、今後状況が変わりうるので、これ以上書くのは控えるが）。

お役所書類の非現実性

そもそも日本のコロナ騒動は高級クルーズ船から始まったが、クルーズ船に乗っていた人たちは富裕層、感染拡大後に自宅にこもりやすいのは正社員、休業要請で死活問題になった飲食店の多くは個人の自営業、そこで働くアルバイトも失職、感染におびえながら仕事を続けざるを得ない老人ホームの介護職はもともとが低賃金、という格差の構造がある。富裕層でもコロナで亡くなった方にはご冥福をお祈りするが、やはりどこか不条理を感じるだろう。

おまえも家にこもって本を書いているだろうと批判されそうであるが、今時印税だけで食える人はそういない。本を元に講演依頼が来て初めて食える。私は近年中国人向けに消費についての講演を多数していたので、今年はそれがすべてキャンセル。

それを少しでも穴埋めしようと自主企画した講演会も2度自粛。某社の研修も2カ月遅延(もしかしたらもっと)。おそらくこれから来る講演依頼は早くても6月からで、実施は9月以降。つまり2月から9月までは入金がない。

というわけで、本でも書くしか稼ぎようがないから書き始めたのである。マーケティングの仕事はけっこう対人情報サービス業なので人との接触を禁じられると弱い。また都市論の本を書こうにも街を調査に行けず、図書館に資料探しにも行けない。しかも、個人事業とはいえ形式的には株式会社の代表取締役だから、仕事が減っても私の収入は雇用調整助成金では補償されない。

前年度の消費税納付猶予の申請をし、持続化給付金の申請書も書いてみたが、その申請書ですら、前年同月比で売り上げがどれくらい減ったか書けと示してある。だが私のような仕事、あるいは建築事務所でもコンサルタントでもよいが、たくさん受注する月もあるが、ないときはゼロという業種なのであり、たまたま昨年の同月に売り上げが100万円あり、今年は200万円あったら申請は通らない。おかしいのだ。

後に見るように、公務員のような安定した職業でないと、こんな非常時には安心感はまるでないのであり、ゆえに公務員だけが中流以上の意識を持つのである（84、123ページ）。これは単に職業を超えて「身分」の差だとも言うべき状態である。

身を挺して治療をしている医療関係の人たちには頭が下がるから、私のような、まだダメージの少ない人間があまり文句を言うつもりはないのだが、やはり客観的に見ると自分は非常時には不利な立場で仕事をしているのだなと改めて実感してしまった。

コロナで食事の宅配も増え、ＵｂｅｒＥａｔｓの自転車もたくさん見かけるようになったが、配達員は非正規雇用ではなく業務委託された自営業者なので、補償がないという。マスクも消毒液も自前だという。それはおかしいということで、配達員のユニオンがＵｂｅｒ側にマスクと消毒液の支給と危険手当の支給を訴えた。

私はこれからの日本におけるシェアの重要性を説いてきたが、Ｕｂｅｒのようなシェアリング・エコノミーが私の唱えるシェアではないと、かねて主張してきた。配達員に対する非情な態度はまさに強欲資本主義でしかない。

要するに、コロナを機に、日本人は（あるいは世界中の人々が）

1．何があっても安心して中流でいられる人

2．雇用は守られるが売り上げ・収入が落ちて不安な人

3．一気に中流から落ちて（そもそも中流ではなくて）ものすごく不安な人

に、はっきりと分かれているという事実が、あらためて判明したのだ。

だからだろう。本文にあるように、公務員の階層意識は、圧倒的に中流以上なのである。

というわけで、7割方書き上げていた本に、コロナ以後の消費社会というテーマを無理やり接続したので、ちょっと混乱した本になるが、しかしおかげで視点がクリアになった面もある。もろもろ不手際はご容赦いただきつつお読みいただきたい。

コト消費の階層性

新型コロナのパンデミック現象は、日本経済、日本人の生活と消費にも大きな影響を与えたし、今後も完全な終息がないとすれば、ますます影響を与えるだろう。

モノ消費から**コト消費**へ、あるいは**ヒト消費**へ、と言われるポスト・バブル時代の消費の変化は、いったん止まらざるを得ない（ヒト消費については177ページ）。

ポスト・バブル消費からポスト・コロナ消費へ、あるいはウィズ・コロナ消費へ、という新しい変化が起こるだろう。

ポスト・バブル時代にはモノが売れない、でも人は1日3食食べるという理由で物販店が減り、飲食店やサービス店が増えた。商店街のふとん屋、酒屋、米屋、日用品店などが消滅し、居酒屋、カフェ、マッサージ店、コンビニなどに交代した（コンビニは基本的には物販店だが、各種サービスも受け付けている。モノを売ること自体に価値があるのではなく、24時間開店しているというサービスに価値があるので、サービス業と言ってもよいのである）。

また、音楽はダウンロードして聴くようになり、CDが売れなくなった代わりに、コンサートの市場規模は10年で2・5倍、ライブエンターテインメント全体では1・8倍に増えた。いわゆるコト消費が増えたのである。

ただしこの**コト消費はモノ消費よりも階層格差が激しい**ということを本書では検証する。

人が集まることを制限

他方、近年、若い人がシェアハウス、シェアオフィスなど人間同士の交流空間に価値を見いだし、あるいはスナックや銭湯や横丁など、昭和的な人間関係に魅力を感じるようになったという新しい動きもある。こうした流れは、私が「**第四の消費**」と名づけた消費の変化と対応していた(拙著『第四の消費 つながりを生み出す社会へ』朝日新書参照)。

だがコロナは、こうした人が集まる場所、人同士が会話し交流する場所を直撃した。それどころか、人との接触を8割減らし、それ以外はみんな家にこもって出てくるなと言われた。かくして夜の酒場は大打撃を受けた。

代わりにUber Eatsが飲食店から出前をするようになったり、飲食店が食品をテイクアウトで販売するようになったりした。

物販も、店で買うのではなく、ネットで買うことがますます増えた。それまでネット通販を使ったことのない高齢者も、ネットで日用品を買うようになった。ライブができなくなり、ネットで音楽や映像の配信を楽しむしかなくなった。

これは『第四の消費』『人間の居る場所』『愛される街』といった本を書いてきた私としても大打撃だ。人が自然に集まり、語らい、つながり、理解し合う場所の重要性を説いてきたのに、これでは困る。

もちろん緊急的に一時的に巣ごもりになるのは仕方ない。だが、コロナには完全な終息はなさそうである。1年以上2年くらいは薄く長く継続するものらしい。終息したと思ったらまた感染拡大が起こることもあるという。

おそらく、こういうパンデミックは、グローバリゼーションの進展とともに、程度の差はあれ、今後数年に一度は世界を襲うのだろう。アジア諸国の経済発展によってこれだけ広がったのだから、アフリカ諸国が今後経済発展すればますます広がる可能性が高い。ウイルスでなくても、すでにアフリカのバッタの大発生の影響が日本にも及んでいるほどだ。

現地で食料不足による社会混乱が起こり、生産・流通が滞るからだ。
だとすれば、日本人のライフスタイル自体が変わらざるを得ないだろう。

リスク社会における消費の変化

コロナに限らず、この25年のあいだに日本社会は、それまで想定しなかった大きなリスクにおびえる社会になった。二つの大震災、原発事故、地下鉄サリン事件、9・11テロ、大阪教育大附属池田小児童殺傷事件、狂牛病、鳥インフルエンザ等々によって、**リスク社会**(注)となったのだ。

いつ来るかわからないリスクに備えて、学校の校門など、どんな入り口にも警備員を配置し、街中に防犯カメラを増やし、住宅の強度を上げ、ＩＤカードを首からぶら下げるようになった。

他方では、２０００年代初頭から自己責任論が広がり、収入を上げられるか、いい会社に就職できるかなどは、時代のせいではなくて（バブル崩壊後の就職氷河期のせいでもなくて）、自己責任であるという論調が支配的になった。同様に、様々なリスクにどう対応し、どう生き延びるかも自己責任であるという風潮も広がったと思う。

そうしたリスク社会、自己責任社会のストレスから一時的に抜け出すためという意味も、コト消費、ヒト消費にはあったのではないか。

ところがウイルスの蔓延は、コト消費、ヒト消費を限りなく制限する。家の中で家族とだけ、一人だけで過ごせ、人と会うなというのだ。

(注)リスク社会とはドイツの社会学者ウルリッヒ・ベックが提案した概念である。近代化が進むと、社会は富とともにリスクも生産する。産業化時代の社会でもリスクはあったが物質的な困窮から脱出することが重視されたので、人々の関心は、生み出した富の分配にあった。たとえば貧しい時代には、戦争によって上位階級は富を得、下位階級は公害や生命の危機に瀕しつつも、軍需景気で潤うということがある。

だが、豊かな社会になると、人々はできるだけリスクを避けるようになる。富の分配に加えてリスクをどう分配し負担し合うかが重大な問題になる。そういう社会をリスク社会と呼ぶ。

リスク社会はグローバルに広がる、そして専門的・科学的知識を必要とするという二つの特徴を持つ。コロナもそうである。専門家でないとわからないものであり、人々は不安やデマに惑わされ、低所得のサービス産業従事者が休業要請されたり解雇されたりし、働けば感染リスクにさらされやすいのである。

健康格差・ケア格差が拡大する

他方で、こうしたリスクの増大は、本書が言う**ケア消費**をますます増やすだろう。予防的な消費が増えるとも言える。何かのリスクに備えての消費である。

最も普遍的なリスクは病気であり、ゆえにケア消費は健康関連消費が主体である。だから今後ますます健康のための予防的消費と、健康を害したときの治療的消費が伸びるはずだ。

予防的消費とは、健康維持管理・増進のための食品や健康食品、スポーツ・ヨガなどの活動、そのために必要な運動用具、疲れを残さないためのマッサージ費などである。**治療的消費**とは、医薬品、医療器具、医療サービス費などである。行政としては健康寿命を延ばしたいので、消費者に予防的消費に力を入れてもらうことを望んでいる。

だが予防的消費は裕福な人にはできるが、そうでない人にはできにくい。裕福でない人は健康を害するリスクが高く、治療的消費のほうが多くなりやすい。

実際、総務省の「家計調査」で単身者男女計の消費支出を年収5分位階級別に見ると、年収が最も高い階層の単身者は平均年齢48・7歳、消費支出総額287万円であり、ゴルフプレー料金、スポーツ用品、マッサージ料金（診療外）、スポーツ月謝、他のスポーツ施設使用料、ゴルフ用具の支出が単身者全体の平均よりも2倍以上多い。消費支出全体では平均の147％なので、予防的消費が多いということがわかる。

他方、年収が最も低い階層の単身者は平均年齢69・2歳、消費支出総額124万円であり、医薬品、歯科診療代、外傷・皮膚病薬、保健用消耗品、介護サービス、医科診療代が平均とくらべても85％以上の支出をしている。消費支出全体では平均の63％なので、治療的消費が多いということがわかる（単身世帯の消費の詳細は第4章参照）。

つまりここに**ケア格差**がある。**健康格差**とも言える。

しかもこれほどのパンデミックがあっても日本政府はかなり無能、無策であることがわかった。感染検査を十分に行わず、感染しても軽症なら自宅やホテル療養、研修医は40人で飲み会をするというていたらくである。自分で自分の身を守らねばならぬという国民が増えて当然である。しかし自分で自分の身を守れる人と守れない人がいるのだ。

低次のニーズと高次のニーズ

モノ消費からケア消費への変化は、ウォンツ消費から**高次のニーズ**の消費への変化だとも言える。

モノ消費の最大期はバブル時代だが、そのころのモノ消費はウォンツ消費と言われた。ニーズ（必要なもの）消費ではなく、ウォンツ（欲しいモノ）を消費する時代だったからである。だがポスト・バブル時代は、ウォンツからニーズへの逆流が起こった。さらに超高齢社会となり、団塊ジュニアが高齢者になっていくこれからは、単なるニーズ、低次のニーズではなく、高次のニーズを満たすための消費が増えていく。

低次のニーズとは、日常的に基礎的な食品、日用品のニーズである。米とかパンとか野菜とか洗剤とかトイレットペーパーとか、そういうものである。

高次のニーズとは、生命の質を高めたいというニーズである。簡単に言えば健康寿命を延ばしたいというニーズだ。高いリスクに対処したいニーズとも言える。超高齢社会の進展の中で、できるだけ長く健康でいたい、仮に健康を害しても（コロナに感染しても）できるだけ快適に治療し、治癒したいというニーズである。

人口構成が若い時代には低次のニーズが中心となるが、高齢社会が進むほど高次のニーズが増える。もちろん低次のニーズがなくなるわけではない。

高次のニーズを満たす余裕のある人

低次のニーズを満たすだけで精いっぱいな人

下手をするとそれすら満たせない人

に分かれていくのだ。

東京―地方、都心―郊外の構造の変化

またコロナの蔓延により、いわゆる「コロナ疎開」が起こった。人口が多く人口密度の高い大都市圏ではコロナ感染リスクが高いため地方に緊急避難的に移り住んだのである（Uターンが多いと思われるが）。

かくいう私も、コロナのおかげでＺｏｏｍというものを初めて知り、Ｚｏｏｍによる取材対応、打ち合わせ、飲み会を2、3度してみたら、すっかり気に入ってしまった。

これならもう東京にいることすら必要がない。空き家になった田舎の実家に事務所移転するかと決断（と言うほどではないが）したほどだ。家賃ゼロ、食費は安い。東京で古本屋や都立中央図書館の資料をあされないのは寂しいが、新幹線で月に2度ほど東京と往復すれば大概の用は足せるだろうし、あとはネット古本屋である程度代替できるだろう。

しかも富士山噴火、首都直下地震、南海トラフ地震、北海道から東北にかけての地震など、大地震の発生がいくつも予測されている。今こそ東京脱出だ、と考えている人は多いのではないか。

思えば私が脱サラを決断したのはインターネットの普及が始まったからだ。これがあれば一人で仕事ができると思ったのだ。Ｚｏｏｍはそれと同じような行動を私に促しそうだ。

感染の一定の収束後にも、このコロナ疎開が増えると思われる。コロナが終息した、さあ、また満員電車に詰め込まれて都心の会社に通って来いと言われても、もう嫌だ、ずっと在宅勤務をしたいという人がたくさん発生するだろうと思う。在宅勤務が進んだ会社への転職も増えるかもしれない。

なかには家にいるほうがストレスだとか、子どもや配偶者にDVをしてしまうとか、夫が家にずっといるのが嫌で離婚にまで発展するという例すらあるようだから、全員が在宅勤務の継続を希望するとはもちろん言えないが、在宅勤務経験者の2割くらいは在宅継続の方向に行くのではないか。

また東日本大震災は、首都圏で帰宅難民を大量に生んだために、都心居住を助長した面がある。なかには、反対に都心から親元に近い郊外にUターンした人もいる。小さな子どものいる家庭はUターンした人が少なくないのではないか。

東日本大震災の時も東日本から西日本への移住が増えたが、今回のコロナ騒動はおそらく都心から郊外への流出を促進するだろう。特に人口あたり感染者数の多かった自治体、たとえば東京都中央区、港区、目黒区、世田谷区などからの転出が増える可能性がある。

私はかねて郊外から都心への人口集中に疑問を呈し、大地震やパンデミックのリスクを考えると、郊外に人口を戻す必要を説いてきた。20〜40代の働き盛りの人ほど都心に住み、最近はその子どもたちも多く住むようになっている。もし大地震やパンデミックにより、こうした若い世代が被害を受けるなら、国家の存続にとって大損失である。小泉純一郎元総理や、森ビル、三井不動産などの大手デベロッパーは都心集中を進めてきていて、パンデミックのリスクについて考えてこなかったのか。答えてほしいものだ。

今回のコロナ騒動で唯一と言ってよいプラスの効果は、在宅勤務が促進されたことである。郊外に住んで自宅ないしシェアオフィスで働くことが今後急速に広がるだろう。

郊外の自治体は、これをチャンスと捉えて、働きやすい郊外とはどういうものか、それは都心とどう違うのか、都心で職住近接するよりも郊外で在宅勤務などをしたほうが、通勤電車に乗らないで済む以外にどんなメリットを提供できるのかを考え、提案しなければならない。

グローバリゼーションを見直せるか

また皮肉なことに、コロナを契機として一気に広がった在宅勤務だが、もし女性が結婚したら専業主婦になり、夫だけが都心で働くことがまだ主流の社会であったら、こんなに在宅勤務が広がることはなかったかもしれない。せいぜい時差通勤くらいで、お父さん、がんばって気をつけて行ってきてね、夜はすぐに帰ってきてね、ということで終わったかもしれない。

だが現実には、結婚した、子どももいる女性が働くことが増えたために、そして女性も夜の繁華街で飲み歩くことが増えたために、男女問わず在宅勤務をすべきだということになった面はある。女性だけ先に家に帰れとは言えないからである。

かくして、都心への過剰な人口集中が反省され、郊外で男女ともに働き、買い物をし、家事をし、子育てをするというライフスタイルが急速に標準化するだろう。この動きは日本だけでなく世界的に広がるのではないか。

そもそもグローバリゼーションによって世界中が経済成長し、大半の国で人口が増え、かつその人口が大都市に集中し、かつ世界的に人が移動する時代になったことが、今回のパンデミックを拡大させたのである。世界が一つの巨大な「都心―郊外―生産拠点」の構造の中に埋め込まれたのだ。

これまで国内レベルなら、狂牛病、鳥インフルエンザや牛レバー食中毒など、国内の特定の地域で起こった感染症が、全国に波及するという事件はあった。

こうした事件が大問題化するのは、全国チェーンのスーパー、ファミレス、居酒屋などが存在し、日本の北の果てに住んでいても南の果てに住んでいても、同じ産地のものを食べるようになったからである。もちろん世界のどこかの生鮮品や加工食品を食べることもある。だから、世界のどこかで問題が起こると、すべてが停止せざるを得ない。

ましてコロナは食べなくても感染する。そして飲食店の三密状況（密閉・密集・密接）がコロナを助長するということになってしまった。本当は満員電車や過密な駅のほうが問題なのか、オフィスが問題なのか、それとも風俗営業が問題なのかはわからないが、個人店レベルの飲食店も営業時間などが規制された。

こうなってくると、コロナがある程度終息しても、大規模チェーンの居酒屋は客足が完全に戻ることはないだろう。低価格で大量の客を入れて、まさに三密状態をつくらないと利益が上がらない「大量生産・大量消費・大量飲食」型の大規模チェーン店は存続が難しいだろう。

おそらく今後は単価を上げて、低密度でも利益が出る高付加価値システムに変えていかざるを得なくなる。高付加価値化が無理な店はテイクアウト、デリバリー中心か併存に変わっていく。あるいはインターネットで頼むと食材を料理法とともに届けてくれるeコマースが増える。また大規模チェーンが中規模のチェーンに分割され、地域ごとにローカライズされて個性を出すという方向になるだろうと、ある外食産業関係者は語っている。

都心はもちろん郊外でも、大宮駅、町田駅、千葉駅、横浜駅といった商業の大集積地が敬遠されるようになり、特急停車駅から1、2駅離れた小さな駅（たとえば北浦和、玉川学園前、国立、西千葉などなど）で、個人店的な、しかし質の高い飲食店が増えるのかもしれない。

利他的かつ他者と共感する社会

先ほどコロナ騒動が、コト消費、ヒト消費を減らすと書いたが、郊外住宅地などの地域社会では、三密にならない程度に、住民同士の助け合いなどが増え、コミュニティーの力が増すということも考えられる。

都心の居酒屋、キャバクラでの三密な飲み会が減る代わりに、郊外で空き店舗などを活用した子ども食堂、家族食堂、夜カフェ、軽いスナックなどのコミュニティービジネス的な活動が住民自身から生まれて、みんなに利用されるようになる可能性は高い。

こうしたことはすでに私が何度も提案してきたことであり、それがコロナを契機として広がるとしたらまったく本意ではなかったが、禍福はあざなえる縄のごとしだから、よいものは増やしていくのがよい。

フランスの経済学者、ジャック・アタリは、今回のコロナによる「危機が示したのは、命を守る分野の経済価値の高さだ」として「健康、食品、衛生、デジタル、物流、クリーンエネルギー、教育、文化、研究などが該当する。これらを合計すると、各国の国内総生産（GDP）の5～6割を占める」が、今後はその「割合を高めるべきだ」と語っている（日本経済新聞2020年4月9日付）。

またこの危機により「治安当局から医学への権力の移転」が起こり、ビッグデータ解析などの「テクノロジーが力を持」った。「問題はテクノロジーを全体主義の道具とするか、利他的かつ他者と共感する手段とすべきかだ。私が答える『明日の民主主義』は後者だ」と言う。

私もそう思う。先述したように、緊急事態宣言によって、都心にあった人間同士の交流の場は一時的に縮小させられたが、他方では、住民同士の助け合いなどでコミュニティーの力が増す可能性もあるからである。

私の住む街でも、休業を余儀なくされた多くの飲食店がテイクアウトを始めると、どの店がどんなテイクアウトを始めたという情報をまとめて紹介してくれるSNSが登場した。そういう市民的な動きが、むしろコロナ危機によって広がっていくだろう。

そもそも私が提唱した「第四の消費社会」における消費者の心は、大手企業の新商品や全国チェーンの小売店・飲食店などでは満たすことのできないものであり、むしろ市民的な活動によって、あるいはそれに近いコミュニティービジネス的なビジネスによって満たしていくものである。

私が2005年から34年までと設定した「第四の消費社会」の中で20年はまさにその折り返し点に当たる。その意味では、肯定的に語るとすれば、コロナを契機にして「第四の消費社会」が完成に向かうのではないかとも私は思うのである。

2　世代論の基本——リスクから見た世代

世代は15年周期で変わる

日本における世代はおおむね15年ごとに新しい価値観を持った世代が現れてきていると私は考えている（図表序－1）。

最も有名な世代は団塊世代であり、通常は１９４７年から49年の３年間に毎年２７０万人以上が生まれた世代を指す。前後に広げて１９４６～50年生まれと考えても全然かまわない。

最も出生数が多いのは49年生まれだが、46～50年の真ん中ということで、48年生まれを私は団塊世代の中心と想定している。

よって他の世代も48年生まれから15歳おきに中心を考える。昭和ヒトケタ世代なら１９

図表序-1 「世代の15年周期論」と出生数

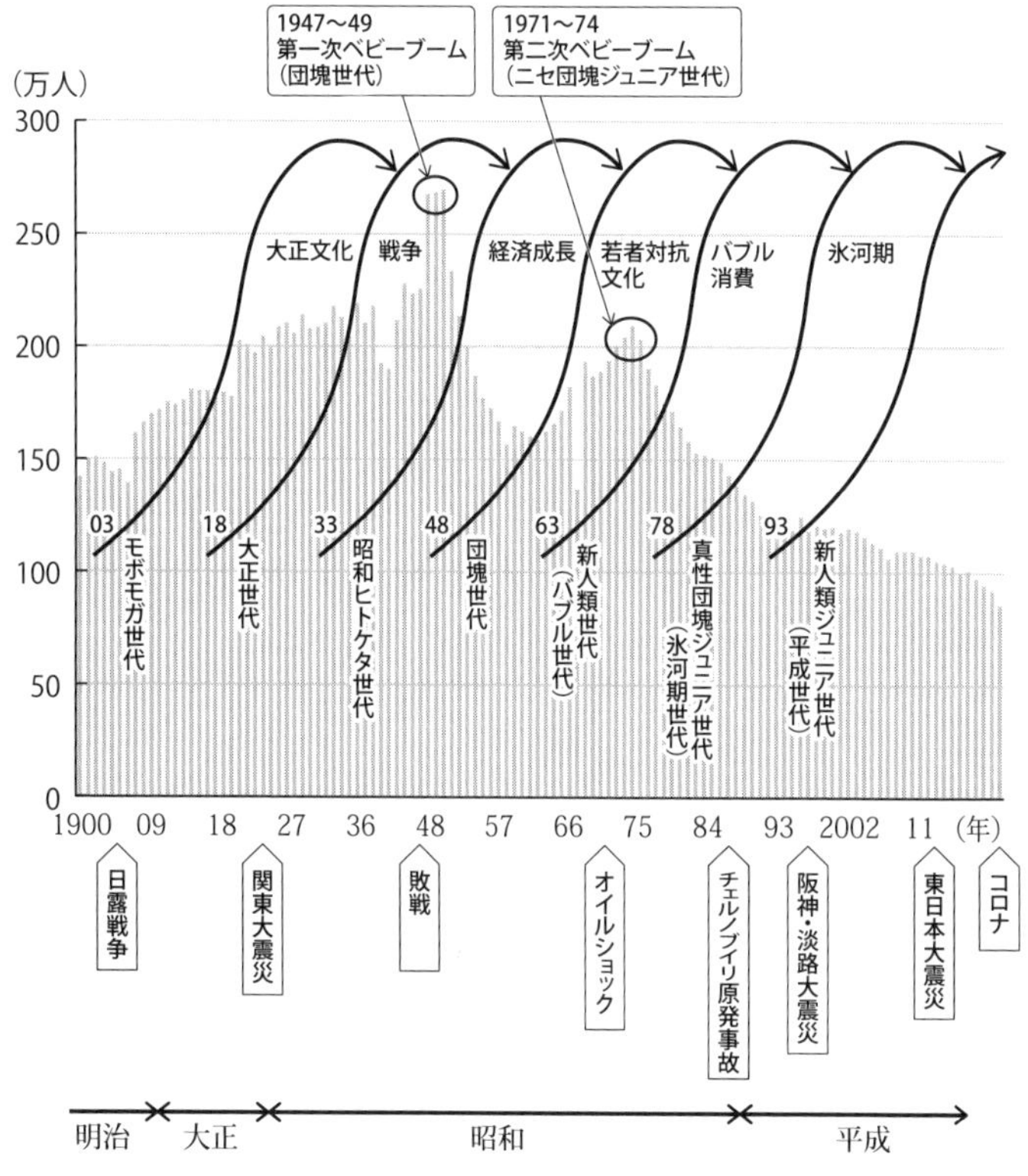

資料:カルチャースタディーズ研究所

33年生まれ、新人類世代なら63年生まれ、という具合である。

もちろんそんなにうまく15歳ごとにすべてが説明できるはずはないのだが、だからといって全然うまく説明できないというわけでもない、というところが世代論の面白さである。詳細は以下の各世代の分析を読んでいただきたい。

どうして15年周期なのかとしばしば聞かれるが、これは経験的に見いだされた傾向であって、演繹的に15年周期で説明しようと最初から思ったわけではない。おそらく親子の年齢差が30年ほどあり、子どもは自分が生まれ育った時代の影響を受けて親と異なる価値観を持ち、異なる行動をするようになるので、30年単位で世代が交代する。

するとたとえば、親世代Aの古い価値観10：子世代Bの新しい価値観1の時代が、古い価値観1：新しい価値観10の時代に変わる途中で古い価値観5：新しい価値観5の時代を経過する。その途中の時点ですでに人々は、特に若い世代は新しい時代を感じているし、その価値観を担う別の世代Cが存在することを感じる、ということであろう。

日本社会も明治以来、あるいは戦後、15年周期で変化しているという説もある（柄谷行人、見田宗介、林知己夫ら）。社会が15年周期に変化するなら、それに対応して世代の価値観・行動も15年周期で変わるであろう。

●団塊世代

さまざまな流行の担い手

団塊世代は最も出生数が多い世代であるために、70代となった今でも日本全体の中で団塊ジュニアと並んで人口が多い。特に女性は寿命が長いので多い。だから今後彼らが75歳以上の後期高齢者になり、病人が増え、寝たきりなどが増えると社会保障費が大幅に増えるために、大きな社会問題となることは周知の事実である。

彼らの青少年期は、日本がまだ貧しかったので、彼らが消費をすることで企業の売り上げが伸び、経済が発展し、日本が豊かになるというプラスの側面が多かった。彼らが10歳くらいになると「少年サンデー」「少年マガジン」といったマンガ週刊誌が創刊し、彼らが中学を卒業するころには「平凡パンチ」が創刊し、アイビーファッションなどを彼らに勧めた。資生堂は男性用化粧品「MG5」を発売し、若者のファッション化を促進した。

彼らが20代になると、日本初の若者向けファッションビルとして1969年、東京・池袋にパルコが誕生した。70年には「アンアン」が創刊。今とは違って先端的なファッション誌であり、パリの流行をいち早く伝える雑誌であった。団塊世代の男性はビートルズに影響されて髪を伸ばした。

ヒッピー、学生運動など、社会に対して反抗的な若者文化も拡大した。ビートルズですら、社会に反抗するものと当時は見なされ、66年に来日したときは、あんなゴミのような音楽は日本武道館ではなく夢の島の埋め立て地でコンサートを開けと言われたほどである。

さらに団塊世代は、1970年代になると、20代前半に結婚し、20代後半で子どもをつくり、普通の家庭を築いていった。結婚ブームが起こり、71年から74年には毎年約200万人の子どもが生まれ「第二次ベビーブーム」と言われた。このベビーブームは団塊世代の女性の出産が増えたために生じたものである。

オイルショックというリスク

だが結婚、出産時期の団塊世代は1973年のオイルショックに見舞われ、それまではほどには給料が上がらず、会社も成長しない時代に投げ込まれた。専業主婦たちはパートに出て働くようになった。男女格差がまだ歴然と存在する時代だった。同じように働いても、男性は出世できたが、女性はパートのままであった。この男女間の職業差別がその後のフェミニズム拡大の一因になった。

団塊世代の3割以上は中卒で労働者階級になったのだし、4年制大学進学率は男性で25%、女性では5%ほどにすぎなかった。女性は23～24歳くらいまで「腰掛け」で働き、すぐ結婚して「寿退社」し、子どもを産むのが当然という時代だった。

1980年代に入り景気が上向いてくると、30代になった団塊世代は「ニューサーティ」と呼ばれ、ジーンズとTシャツとスニーカーを身につけた30代として話題になった。今から思うとなぜ話題になったのかわからないだろうが、それまで30代といえばれっきとした大人であり、長髪とかジーンズをはくというファッションをしつづけるのが非常に新しいと思われる時代だったのだ。

だが団塊世代の多くは反抗したわけではない。郊外に家を買い、マイカーを買った。ニューファミリーと呼ばれ、それまでの世代以上に豊かでゆとりのある暮らしをすることが団塊世代の理想であった。

●大正世代と昭和ヒトケタ世代

戦争に行った世代

このように戦後の日本の消費生活の歴史の中心にいた団塊世代は、他の世代と比較するときに非常に便利なベンチマークとなる。団塊世代とどこがどう違うかということで他の世代の特徴をはかることができるからである。

団塊世代は社会に反抗したと書いたが、彼らが直接的に反抗したのは親の世代である。つまり**図表序－1**で言う大正世代であり、1918年生まれを中心とする。

大正世代は戦争をした、戦場に行った世代である。ところが親の世代は戦争に負け、しかもその戦争があまりに無謀なものだったのだから、子どもである団塊世代から見ると、親の世代はまさに否定すべき世代であると感じられた。だから、あらゆる面で団塊世代は親の世代に（少なくとも青少年期には）反抗したのであり、ひいては日本を否定し、アメリカなど欧米の文化に強く憧れた世代である。

昭和ヒトケタ世代

団塊世代と大正世代の間にいるのが1933年生まれを中心とする昭和ヒトケタ世代である。彼らは戦争には行っていない。小学校時代に戦争が終わり、その後は打って変わって戦後民主主義教育を受けた世代である。だから大正世代よりは価値観は戦後的であり、新しい。

また昭和ヒトケタ世代は、戦後の復興期（1945～54年）と高度経済成長期（55～73年）に10代から30代であったので、まさにこの時代を支えた世代であると言える。当時は中学卒業で働く人が多数だったし、敗戦直後の混乱期はまともに学校に行くことができない人も多かったが、高卒、大卒であればちょうど高度経済成長期の勃興期に学校を卒業したことになる。

だから昭和ヒトケタ世代は団塊世代に比べると勤勉であり、遊びを知らない世代である。食べるだけでやっとという生活をしてきた世代だからである。

それに対して団塊世代は、先に書いたように小学生時代にマンガ週刊誌を与えてもらった世代であり、快楽主義的で遊び志向の強まった世代である。

服装も、先ほど書いたように団塊世代はジーンズ、Tシャツ、スニーカーが普通であるが、昭和ヒトケタ世代だと、ちょっとラーメンを食べに行くというときでも背広かブレザーを着た世代である。真面目で地味だとも言える。

音楽でも、団塊世代はビートルズやそれに影響された日本のグループサウンズ、あるいはフォークソング、ロックなど、世界の多様な大衆音楽を聴いてきたが、昭和ヒトケタ世代はまだほとんどが演歌や浪曲のほうが親しみがある世代である。

タレントでいえば、昭和ヒトケタ世代のスターは美空ひばり（1937年生まれ）と石原裕次郎（34年生まれ）であるが、団塊世代のスターは吉田拓郎、タモリ、北野武、南こうせつ、谷村新司ら、ということになる。

●新人類世代・バブル世代　～リスクを感じない時代に将来のリスクを感じ始めた世代

政治から消費へ

団塊世代が学生運動などをして社会に反抗した**政治の世代**と言われるのに対して、その下の新人類世代と呼ばれる世代は**消費の世代**である。

彼らはクリスタル世代、Ｈａｎａｋｏ世代とも呼ばれた。１９８１年に出版された小説『なんとなく、クリスタル』がブランド物を身につけた女子大生を主人公にしていたからであり、88年に創刊した雑誌「Ｈａｎａｋｏ」が20代後半の働く女性をメインターゲットにしていたからである。

81年の女子大生というと１９５９～62年生まれ。88年の20代前半というと63～67年生まれである。よって59～67年生まれは、それ以前の世代のように政治活動、学生運動をしない世代であり、政治より消費に関心を持った世代であると言われるのである。59～67年生まれの中心は63年生まれということになる。

また、そもそも新人類世代という言葉の語源は、１９８４年の「アクロス」の特集「噂の14歳　新人類」あるいは中森明夫だといわれるが、一般に普及したのは85年に「朝日ジャーナル」で連載された「新人類の旗手たち」や、同年にプロ野球日本シリーズを制した西武ライオンズが新人類野球と呼ばれたことにあり、当時のライオンズの主力選手が63年前後の生まれであった（工藤公康、秋山幸二など）。このように見ると、１９６３年前後生まれが新人類世代の中心である。

東京のベビーブームは団塊世代ではない

新人類世代の出生数は団塊世代よりは少ないが、しかし、ある特徴がある。団塊世代は日本全体で見たときの最大のベビーブームだが、新人類世代も特定の視点で見ると最大のベビーブームなのだ。

新人類世代は東京都で生まれた数が多いのである。東京都の出生数は１９４３年にピークがあり、敗戦直後には増えていない。人々が田舎に疎開していたからである。出生数は敗戦後の混乱が一息ついた１９５４年から増え始め、59年に15万人を超え、64年に20万人を超え、74年の第二次ベビーブーム最後の年まで20万人台を維持する。最大は67年生まれ

図表序-2　東京都の出生数

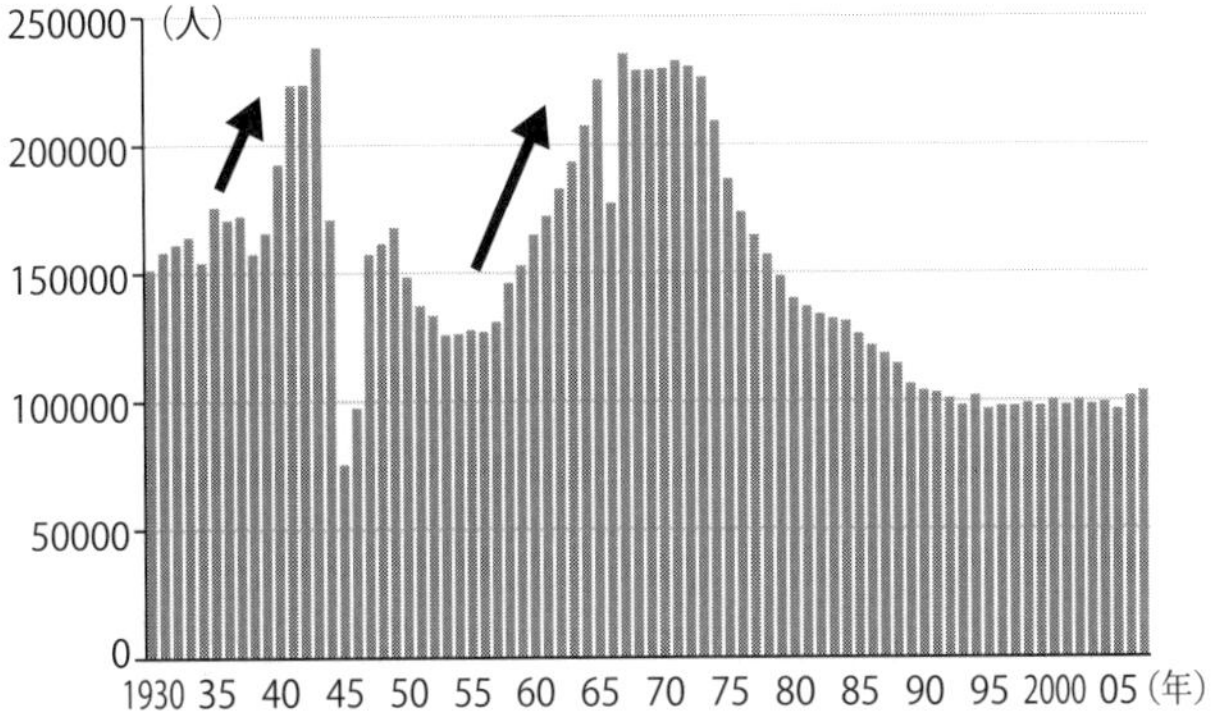

資料：東京都

で23・5万人である（**図表序－2**、ただし66年はひのえうまなので17・7万人）。

戦後、地方などから東京に戻ったり集まったりしてきた昭和ヒトケタ〜40年代初頭生まれの世代が東京で結婚し、子どもをつくったからである。おそらく大阪府、愛知県などでも似たような現象が起こっただろう。つまり新人類世代は都会生まれ、都会育ち、都会で遊んだ人が増えた世代なのである。そのことが新人類世代を都会的な消費世代にした一因である。

都会育ちの消費好き

１９６３年生まれを中心とし、先の東京オリンピックのころに生まれたのだから、社会全体が高度経済成長のまっただ中であり、生活基盤はすでにある程度豊かであり、しかも来年は今年よりももっと豊かになれると信じることができた時代に少年期を過ごした世代である。

それはバブル世代の親である昭和ヒトケタ世代が、高度経済成長期に発生した新しい労働力需要を満たすために大量に地方から東京に流入してきて、結婚し子どもをもうけたからである。昭和ヒトケタ世代が子どもをもうけるころにはまだ東京都内に家を買うことができたのだ。都心は無理でも世田谷のちょっとはずれとか、三多摩の武蔵野市、小金井市、調布市、町田市とかである。

だから昭和ヒトケタ世代の子ども（ジュニア）であるバブル世代は東京でベビーブームを起こした。子ども時代から青少年期まで、高度経済成長期の東京都内あるいは横浜市あたりで育ち、東京や横浜の繁華街で遊び、買い物をした、という人が多い。だからこそ彼らは、消費志向の強い世代になったのであると私は考える。

新人類世代が中学、高校に入るころ、雑誌「ポパイ」が創刊し、高校、大学に入るころ

「オリーブ」「ブルータス」が創刊した。いずれもマガジンハウスの雑誌だが、消費をすることがいかに幸せなことかとプロパガンダする雑誌だったと言ってよい。

しかも彼らの大学生時代から大学を卒業するころはまさにバブル経済の時代である。バイトはいくらでもあったし、しかも高給だった。就職もいくらでも内定が取れたし、取れすぎて困るほどだった。就職後もボーナスは高額が支給された。そのお金で彼らはブランド物を買い、スキーやサーフィンをした。だから金曜日の夜はスキー場に行くバスが満杯で、そのかわり都心の百貨店は客数が減った。そのため百貨店は、それまで木曜日が定休日だったのに、それをやめてむしろ木曜日に一番力を入れるようになった。

クリスマスには、高級ホテルでデートをしエッチをした。ティファニーの三連リングを彼女に贈るのが当たり前と言われ、結婚を申し込むときは給料3カ月分のリングを贈るものだと言われた。まったく物欲の時代であった。

オタクもパンクも同じ世代

もちろん新人類世代のすべてがこうした消費生活を送ったわけではないし、送った人もその後別の人生を歩んだ、というケースはある。「オタク」の走りも新人類世代だし、パンクロックなど、髪の毛を金髪にして逆立てていたのも新人類世代である。

だが、服装や生活の違いはあっても、若いときは何をしても自由だ、後先のことは考えない、という態度が共通していたと言えるだろう。

新人類世代は、松田聖子、小泉今日子、中山美穂、中森明菜ら、アイドルが多い時代である。なかでもやはりその代表は松田聖子（1962年生まれ）だろう。甘酸っぱい、おとぎの国のような世界観の歌は、まさに消費社会の爛熟期であるバブル時代のテーマソングでもあった。

バブル世代

新人類世代と似たような言葉にバブル世代がある。これは文字通りに読めば、バブル時代に遊んだ世代ということになる。

東京都の出生数が全国に占める割合では1960年から74年まで、まさに所得倍増期には1割以上が東京都生まれ、64〜69年生まれでは12％以上が東京都生まれだった。そういう意味では64～69年生まれこそが最も東京生まれ東京育ちで東京で遊んだ人が多いバブル世代であると想定できる。64～69年生まれは、89年のバブル経済ピーク時に20～25歳だったのである。バブル期を93年までと想定すれば20～29歳がバブル時代である。よってこの世代を「真性バブル世代」と呼ぶ人もいるようである。

なお、バブル時代の映像というと必ず湾岸のディスコ「ジュリアナ東京」のお立ち台で踊る超ミニスカートの女性の映像が出るが、ジュリアナができたのは91年である。完全なバブルは崩壊していたが、すぐにまた景気は戻ると思われていたのが91年ごろである。気分的に完全にバブル崩壊を実感するのはその後である。

さて、バブル世代と名付けるなら85～89年のバブル期全体にずっと社会人だった世代を含めたいところである。また男女雇用機会均等法が施行された86年に4年制大学を卒業したのは63年生まれであり、新人類世代の中心世代ということになる。この世代は入社から数年間はバブルを経験している。

このようにいろいろと考えた結果、本書においては1959～69年生まれを「バブル世代」と定義し、その中心となるのは63年生まれであるとしたい。「新人類世代」という名称でもよいのだが、最近はあまり使われない言葉なので、「バブル世代」のほうがわかりやすいだろう。

将来のリスクを感じ始めた

高度経済成長期に生まれ育ち、バブルを謳歌したからリスクなんて感じなかった世代であるが、当時はまだ東西冷戦構造の時代であり、ソ連の脅威があったし、チェルノブイリ原発の事故があり、原子力の恐怖も感じ始めた世代でもある。そうした世紀末感覚が、1980年代、宮崎駿のアニメや映画「ブレードランナー」「ターミネーター」を古典的な人気作品にし、あるいはオウム真理教を生む背景になったことは書いておいたほうがよい。彼らは、リスクを感じない時代に生まれ育ったが、だからこそ将来のリスクを感じ始めた世代だとも言えるだろう。

実は『なんとなく、クリスタル』はすでに将来の超高齢社会を予測し、現状の豊かさはもう長く続かないことを裏テーマとして持っていた小説だった。80年代初頭にそんなことを考えて小説を書いたとは田中康夫も偉いものであるが、クリスタル族の当事者たちも、誰もかも、まだそんな危機感は感じていなかった。高齢者が増えるとはわかっていたが、未婚率が高まるとはまだ多くの人は想像していなかったからである。

●団塊ジュニア世代 ～バブル崩壊によるリスク激増が直撃した世代

正社員になれずパラサイト、ひきこもり、シングルマザーも増加

新人類世代の15歳下の世代が団塊ジュニア世代である。彼らが団塊世代に次いで人口が多く、高校から大学時代にバブルが崩壊し、就職氷河期に直面し、正社員になれない人も増えたので「氷河期世代」とも「ロスト・ジェネレーション」とも呼ばれる。

第1章で見るが、正社員になれず、年収が低いままだと一人暮らしも結婚もしづらく、30代になっても未婚で親元に暮らし続ける人（いわゆる「パラサイト・シングル」）が大量に増えたのも団塊ジュニアである。

総務省統計研修所の推計では２０１６年の35～44歳のパラサイト・シングルは２８８万

人である。うち完全失業者が21万人、無就業・無就学者が18万人、臨時雇・日雇者が14万人であり、完全失業率は8・1%と言われる。35〜44歳全体の完全失業率は2・9%であり、パラサイト・シングルの雇用状態が悪いことがわかる。

無就業・無就学者が増えたのは00年以降であり、35〜44歳の無就業・無就学者は00年は17万人だったが13年は45万人である。これはまさに氷河期世代がこの年齢に突入したからである。

さらに45〜54歳のパラサイト・シングルは13年には136万人だったが16年には158万人。45〜54歳の人口に占めるパラサイト・シングルの割合は13年の8・4%から16年は9・2%に増加した（西文彦「親と同居の未婚者の最近の状況」総務省統計研修所、2017年）。

パラサイト・シングルの中には既に50代となっている者も多く、なかには長期間ひきこもりの人もいる。内閣府の18年の調査では40〜64歳のひきこもりが61万人だという。

女性ではシングルマザーの増加も氷河期世代で多い。シングルマザーは00年には87万人だったが05年以降は106〜108万人と急増した。15年のシングルマザーは106万人であり、うち40〜44歳が30万人、35〜39歳が23万人と5割を占める。まさに団塊ジュニア、氷河期世代のシングルマザーが増えたことによってシングルマザー全体が増えたのである。

ニセ団塊ジュニアと真性団塊ジュニア

なお、15年ほど前まで団塊ジュニア世代とは先に書いた第二次ベビーブーム世代（1971〜74年生まれ）と同義語と見なされていたが、今はおおむね70年代生まれと考えられるようになった。

団塊ジュニア世代を70年代前半生まれの「ニセ団塊ジュニア」と70年代後半生まれの「真性団塊ジュニア」に分けるべきであり、団塊世代の本当の子どもが多いのは「真性団塊ジュニア」だと主張したのは私であり、それはもう20年以上前のことである。

第二次ベビーブームという言い方はあくまで出生数を元にしているから間違いはない。だが団塊ジュニア世代というと、素直な人は団塊世代の子どもであると思うはずだ。

だがこれが問題なのである。団塊世代の子どもである確率が高いのは70年代後半生まれなのだ、本当の団塊ジュニアは70年代後半生まれだと私は主張したのである。

なぜなら、団塊世代の女性は70年ごろから結婚し、72年ごろから子どもをたくさん産み始めた。だから第二次ベビーブームにかなり貢献した。

しかし団塊世代の男性は女性より少し遅れて結婚し、彼らが子どもをもうけるのは70年代後半である。団塊世代の女性の結婚相手は多くは団塊世代より年上であり、そのぶん価値観も古い。学歴で見ても、学歴が高いほうが新しい進歩的な価値観を持つ傾向があるが、早く結婚した女性ほど学歴が低いので価値観は保守的である可能性が高い。

具体的には、人間は当然結婚するものだとか、女性は男性に従ったほうがよい、という価値観を持ちやすい。そして彼らに育てられた子どもの価値観も、そのぶん少し古い。いい大学に入り、いい会社に入るのが正しく、そのため小学校時代から塾に通う。人口が多いので競争が激しく、希望する学校に進めなかった人が多い。かつ、大卒時にはバブルはもうはじけていたので、希望する会社に進めなかった人も多いのである。

IT業界起業家などに目立つ真性団塊ジュニア

他方、男女に関する価値観や人生全般についての価値観が大きく変わり始めたのが団塊世代の大学進学をした女性からである。大卒団塊世代女性は結婚、出産が少し遅くなる。そのため結婚相手は年上ではなく、同世代の団塊世代の大卒の男性になる。

すると実際子どもを産むのは1975年以降が多くなる。そもそも団塊世代の男性は74年ごろから結婚し始める。団塊世代の男性を親に持つ子どもが最も多く出生したのは76年であり、全出生数に占める団塊世代の男性の子どもの割合が最も高いのは78年である。もちろんその子どもの母親は団塊世代か、さらにその下の世代である。父母ともに戦後生まれの世代が子どもをたくさんつくり始めたのが70年代後半である。

戦後的な価値観で育った両親によって、その二世が育てられた。これこそが真性団塊ジュニア世代である。親の世代と出生数の分析から、73年から80年に生まれた1400万人が真性団塊ジュニア世代であると私は定義する。それだと第二次ベビーブームとダブるので、めんどうくさいから、簡単に70年代前半生まれをニセ団塊ジュニア世代、後半生まれを真性団塊ジュニア世代と呼んでもかまわない。

真性団塊ジュニア世代にはIT時代の成功者が多い。サイバーエージェントの藤田晋《すすむ》は1973年生まれ、ミクシィの笠原健治は75年生まれ、2ちゃんねるの西村博之は76年生まれである。少し上だがホリエモンが72年生まれだ。

Jポップでも、浜崎あゆみは78年生まれ、安室奈美恵が77年生まれ、椎名林檎が78年生まれであり、多くのスターを生んでいる。

建築家ではドバイ万博日本館を設計している永山祐子が75年生まれ、論客としても知られる藤村龍至が76年生まれであり、リノベーション業界にも真性団塊ジュニア世代が多い。

ニセ団塊ジュニア世代は、バブル時代に少年期を過ごしたのに、大学に入ってからバブルがはじけて、それまでの努力が水の泡になった世代である。だが、真性団塊ジュニア世代はバブル時代が小学生のときであり、中学以降は「失われた10年」を前提として将来を考えてきた。だから大企業に入れば安心だとか、定年まで勤めるのがよいといった考え方はハナからしない人が増えた。それより自分で独立して起業して生きていく、という人が増えたのだろうと私は考えている。

彼らが大学生時代の90年代後半にウィンドウズ95が発売され、インターネットブームが起き、渋谷がビットバレーと騒がれて起業家ブームが起きたことも彼らに影響を与えたであろう。あるいは阪神淡路大震災やオウム真理教の地下鉄サリン事件などがあったことも、従来の常識が崩れ、その常識にとらわれてはならない時代が来たことを彼らが感じる契機となったと言える。

本書では団塊ジュニア世代の格差を考えるという目的から、氷河期世代、ロスト・ジェネレーションを含めたいと考えたので、84年生まれまでを含め、1973〜84年生まれを「氷河期世代」と定義することにした。

●平成世代　〜日本が「リスク社会」であると最初から「あきらめ」た世代

現在ですでに新人類世代、バブル世代の子どもの世代も20代になっている。またその世代はゆとり世代とかさとり世代とか平成世代と言われる世代とほぼ合致している。

そこでちょうど令和時代になったこともあるし、元号で切り、平成元年の1989年から99年生まれを「平成世代」と定義した。

平成世代は政治的に保守化し、自民党支持率が高く、生活に満足しているが将来に不安は大きい世代だとも言われる。高度経済成長はもちろん、バブルも知らない。気がついたらずっと低成長、不景気で、大学進学率は50%を超えたが、就職できなくても当然という世代である。最初から日本を「リスク社会」だと感じて生きてきた世代であると言える。

彼らの満足と不安の入り交じった感情は、結局のところ将来への「あきらめ」なのだと私は思う。高度経済成長もバブルも知らない、今日より明日が豊かになる時代を知らず、今日より明日が貧しくなるという確実な予測――端的には払った年金は戻らないという予測に基づく「**あきらめ**」である。

社会学者の松谷満はそれをまさに「諦念」と「宿命主義」だと言っている。「どうせ努力しても報われないのだから、長いものに巻かれるしかない」という、権威主義ですらない『宿命』主義が自民党支持につながっている」と指摘する(松谷満「若者はなぜ自民党を支持するのか」、吉川徹・狭間諒多朗編『分断社会と若者の今』大阪大学出版会、2019)。

私はこれまでバブルジュニア平成世代を分析したことがあまりないので、ここではこれ以上概説はしない。第2～3章を読んでいただきたい。これまで彼らを分析してこなかった一因は、彼らを分析しても、消費をしない実態、いわゆる「若者の～離れ」現象が明らかになるだけで、マーケティングとしてあまり意味がないと思ったからである。

だが第2～3章では社会・経済的地位の高さを求める彼らの実態を明らかにし、彼らなりの消費意欲を階層別の視点を入れながら分析している。

第１章

上・中・下流の条件

〜氷河期世代の階層と消費

1　氷河期世代の階層

日本人は分断されたか？

私は２００５年、『下流社会』で、中流社会だった日本において、国民のうち「中の中」が衰退し、「中の上」以上と「中の下」以下に分裂するとしたら消費社会はどうなるか、ということを問題提起した。

断っておくが格差が拡大して「中の中」が衰退し、「中の上」以上と「中の下」以下に分裂したり、階層が固定化したり、総中流化が終わったりするという説は、社会学者や経済学者が１９９７年から04年にかけて何冊もの著書で書いていたことであって、私の説ではない。私はそうしたことを分析できる特別な資料は持っていない。

だが私は、当時20代前後だった若者の取材を通して、彼らが中流であることにあまり意味を見いださず、なんなら少し下流に落ちてもよいという価値観を持っているのではないかと思っていた。

また私に限らず、まるで世襲制のように親と同じ職業につく人が増えているような感覚は当時多くの人が持っていただろう。歌舞伎役者や政治家や医者や大学教授でなくても、俳優、歌手、タレント、スポーツ選手なども、子どもが同じ職業につくことが増えた（ように思えた）からである。

そうした事態を踏まえて、もし社会学者や経済学者が言うように、「中の中」が衰退し、「中の上」以上と「中の下」以下に分裂するとしたら消費はどうなるか、大きく変化するはずだ、あるいはすでにその予兆があるのではないかと考えたのが『下流社会』を書くきっかけだった（なお『下流社会』の元となる研究は01年から行っていた）。

上流は海外高級ブランドや外車を買うが、下流は軽自動車やユニクロやしまむらしか買わなくなる。そうなると、中流社会の発展とともに成長してきた日本企業が製造する中流ブランドは売り上げが減るだろう、たとえばカローラやコロナはますます売れなくなるだろうと思ったからである。

実際クルマの売り上げを見ても、2000年代に入ってトヨタはセルシオ、その後レクサスをつくり、他方で、軽自動車もつくり始めた。昔のようにまずカローラを買い、出世したらコロナに乗り替え、さらに出世したらクラウンに買い替えるという図式は崩れたのだ。国民の多くが自分の生活水準がこれから上昇していき、それとともにより高級な、大型の商品に買い替えていくことができると信じられる時代が終わったのである。

だが、それから15年経って、社会はまた少し変わったかもしれないと感じる。まだ仮説なのだが、今や日本では「中流以上」と「中流未満」への二極化が起こっているのではないかと思われる。そのような「分断」が現れていると指摘するような社会学者の本もすでにある。アメリカでは全体の1％の人々が富の99％を得ることに反対する市民運動が盛んだし、他の国でも同様の指摘が多い。

私としても、日頃から調査集計業務をしていて、階層意識の「中の中」が真ん中ではなく、真ん中以上であって、「中の中」と「中の上」の差はあまりないが、「中の中」と「中の下」の間には大きな差があるという傾向が出てきているのではないか、と思われることがあった。「『中の中』以上」と「『中の下』以下」の二つに「分断」しているのではないか、ということである。つまり「中の上」以上が「上」（いわば上流）であり、「中の中」はやや「上」に近く、「中の下」は「中の中」に近いというより「下」に近い（いわば下流）という現象が起こっている、いや、定着しつつあると思うことがあるのだ。

そこで本章では、まず三菱総合研究所「生活者市場予測システム」（以下「m・i・f」と略す。調査概要は巻末）２０１９年版調査結果により、氷河期世代（１９７３〜84年生まれ）を事例として階層格差の現状を見ていくことにする。

この世代はすでに40歳前後であるが、就職難によって正規雇用者になれなかった人が多く、そのため格差の拡大や「分断」がはっきり出るのではないかと思ったからである。

氷河期世代の階層意識

まず階層意識（生活水準意識）であるが、「中の上以上」「中の中」の合計が52％「中の下」が29％、「下」が19％、合計48％である（**図表1－1**）。まさに「中の中」と「中の下」の間に分水嶺がありそうなのだ（なお5段階で「上」はほとんどないので表では「中の上」と合計して「中の上以上」とした。「わからない」は年収で見ると「下」に近いので本書では思い切

図表1-1　氷河期世代の階層意識

	合計	中の上以上	中の中	中の下	下
合計	8,325	13%	39%	29%	19%
男性	4,236	13%	37%	30%	21%
女性	4,089	13%	42%	29%	17%

資料：三菱総合研究所「生活者市場予測システム」2019
（以下、「MRI-mif2019」と略す）

って「下」に含めた）。

女性は男性より「中の中」が5ポイント多く、「中の上以上」「中の中」の合計が55％。「中の下」が29％、「下」が17％である。これは男性で非正規雇用だと「中の中」にはなりにくいが、女性は結婚すると非正規雇用でも（既婚だと）「中の中」になりやすいことが影響している。詳しくは後で見る。

世の中一般と比べて相対的に自分がどの位置にいるかをたずねているのだから、「中の中」の階層の人たちが最も多くなり、「中の中」のさらに真ん中の人で「上」から合計して50％になりそうなものである。

つまり階層がもし正規分布曲線を描くなら、「中の上」以上が15％だとしたら、「中の下」以下も15％になって、「中の中」が真ん中の70％を占めれば、「中の中」の真ん中が全体の真ん中になるはずだ。

実際、内閣府の「国民生活に関する世論調査」（2019年）では

「中の中」が58％で、「中の上以上」が14％、「中の下」以下が22％、「下」が４％であり、「中の中」の真ん中が全体の真ん中ではないものの、まあ、かなり真ん中に近い。30～40代でもだいたい同じ傾向だ。

だがｍ・ｉｆではそうならない。私のこれまでの経験から、ｍ・ｉｆは実態よりやや「中の下」以下が多く出る傾向があるように思われるが、ニート風の人を省いてみるなどいろいろな集計をしてみたが、どうやっても「中の中」が真ん中に来ることはなかった（ちなみに、２００５年の「社会階層と社会移動全国調査」では、男性で「上＋中の上」22％、「中の下」53％、「下の上＋下の下」22％、「無回答・不明」３％である）。

また拙著『格差固定』で述べたように、「国民生活に関する世論調査」では非正規雇用の階層意識が正規雇用と変わらないくらい高く出ている。私がこれまでに何度も行った調査でも、ｍ・ｉｆでも、正規と非正規では階層意識が全然違う。謎である。

この問題はそれだけで１冊本が書けるくらい複雑なので、本書では取り上げない。ただし、国税庁の「民間給与実態統計調査」の給与所得者の年収分布を、ｍ・ｉｆの３万人（20～69歳）のうち正規雇用、非正規雇用、公務員、会社・団体役員（１万６９４４人）の年収

図表1-2　国税庁とmifにおける男女別・年収別構成比

	国税庁分類	割合	mif分類	割合
男性	100万円以下	10%	100万円未満	4.8%
	200 〃	7%	200 〃	6.0%
	300 〃	11%	300 〃	11.3%
	400 〃	16%	400 〃	16.7%
	500 〃	16%	500 〃	17.1%
	600 〃	12%	600 〃	13.0%
	700 〃	8%	700 〃	9.4%
	800 〃	6%	800 〃	6.8%
	900 〃	4%	900 〃	4.6%
	1,000 〃	3%	1,000 〃	3.5%
	1,500 〃	5%	1,500 〃	5.4%
	2,000 〃	1%	2,000 〃	0.8%
	2,500 〃	0%	3,000 〃	0.5%
	2,500万円超	0%	3,000万円以上	0.2%
女性	100万円以下	26%	100万円未満	25.3%
	200 〃	22%	200 〃	23.6%
	300 〃	19%	300 〃	21.4%
	400 〃	14%	400 〃	14.3%
	500 〃	9%	500 〃	7.3%
	600 〃	5%	600 〃	3.7%
	700 〃	2%	700 〃	1.6%
	800 〃	1%	800 〃	1.0%
	900 〃	1%	900 〃	0.8%
	1,000 〃	0%	1,000 〃	0.2%
	1,500 〃	1%	1,500 〃	0.4%
	2,000 〃	0%	2,000 〃	0.1%
	2,500 〃	0%	3,000 〃	0.1%
	2,500万円超	0%	3,000万円以上	0.1%

資料：MRI-mif2019、国税庁「民間給与実態統計調査」2019

分布と比較してみると、驚くほど同じであった（図表１－２）。

年収と階層意識の相関がかなり高いのであれば、ｍｉｆにおける階層意識はかなり実態を反映しているはずである。

国税庁の統計だと男性で年収が低いほうから合計した割合が50％となるのは５００万円以下の階層である。４００万円ちょうどなら44％、５００万円ちょうどなら60％なので、50％となる中央値は４３０万円くらいだろう。年収と階層意識がもし完全に比例すると仮定すれば（もちろん現実には違うが）、４３０万円の男性が「中の中」の真ん中にいそうなものだ。

そこでｍｉｆで男女別年収別の階層意識を集計し、実数で示したのが図表１－３である。男性では、「中の中」以上は年収２００万円以上３００万円未満で30％、３００万円以上４００万円未満で40％、４００万円以上５００万円未満で51％、５００万円以上６００万円未満で63％、６００万円以上７００万円未満で74％となる。きれいに年収と階層意識が比例している。

実数だと男性全体で１万２６７７人だが、５００万円未満までで半数以上の５７２６人だ

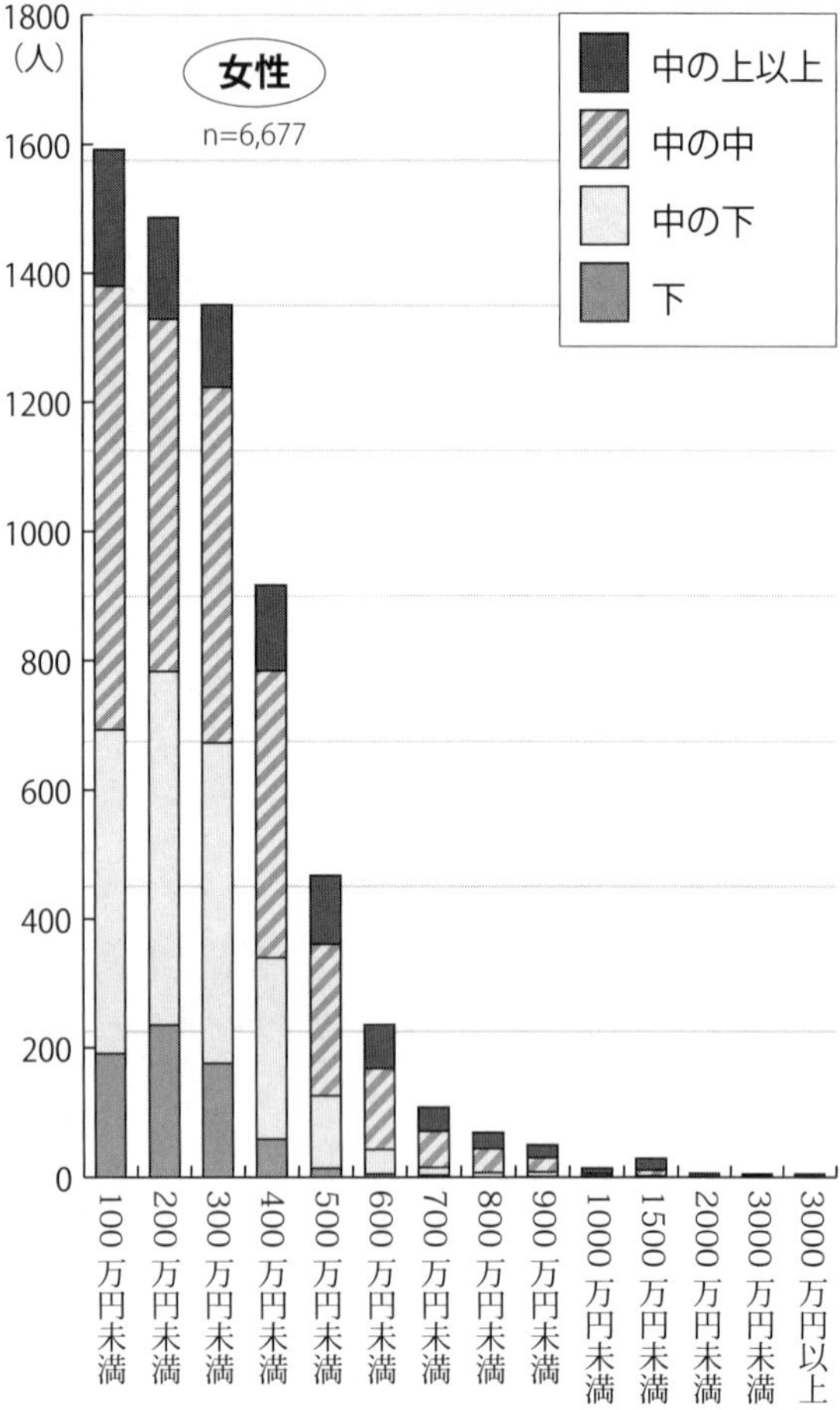
1800
（人）
女性
n=6,677
1600
1400
1200
1000
800
600
400
200
0
中の上以上
中の中
中の下
下
100万円未満
200万円未満
300万円未満
400万円未満
500万円未満
600万円未満
700万円未満
800万円未満
900万円未満
1000万円未満
1500万円未満
2000万円未満
3000万円未満
3000万円以上

図表1-3　男女別・年収別階層意識（実数）

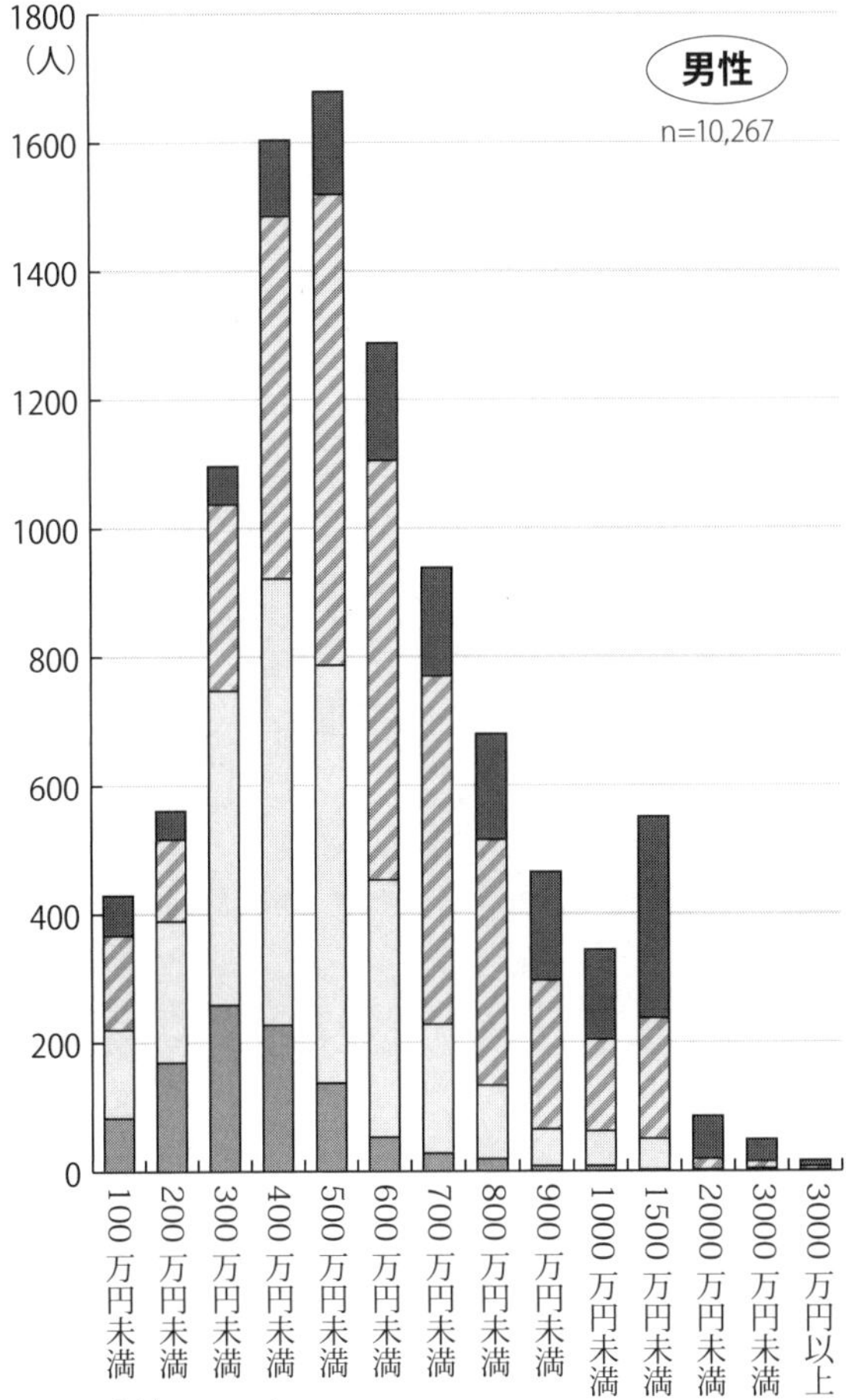

資料：MRI-mif2019

から、中央値は460万円くらいだろう。これはまさに後述する男性が結婚しやすくなる年収である！（99ページ）

女性では年収200万円未満が多く、それだけで女性全体6677人の半数近い3270人である。かつ、パート主婦の多い100万円未満の女性は「中の中」が41％、「中の上」が12％で、かなり中流なのである。

上流、中流の条件

本章では、年収、学歴、職業（正規雇用か非正規雇用かなど）などの属性ごとに氷河期世代の階層意識の差を集計するが、最初に結論を示したのが**図表1－4**である。男女、年収、学歴、職業、家族形態、配偶関係、子どもの有無といった属性別に、「中の上以上」と回答した割合が多い順に並べてある。「中の上以上」は、氷河期世代男女全体では13％なので、5ポイント多い18％以上の属性を挙げてある（なお、以下では図表1－2、1－3とは異なり、サンプル全体での集計である）。

すると「中の上以上」に最もなりやすいのは「年収600万円以上の女性」で41％にも

図表1-4　「中の上以上」になる条件（氷河期世代）

個人年収別女性	600万円以上	41%
職業別男性	会社役員・代表	38%
金融資産	2,000万円以上	37%
個人年収別男性	600万円以上	33%
職業別女性	公務員	31%
学歴別女性	修士・博士	31%
職業別男性	公務員	25%
職業別女性	会社役員・代表	25%
学歴別男性	修士・博士	24%
金融資産	1,000～2,000万円未満	23%
個人年収別女性	400～600万円未満	22%
家族形態別男性	専業主婦子あり	22%
家族形態別女性	共働き子なし	21%
家族形態別男性	共働き子あり	19%
配偶関係別男性	既婚	19%
家族形態別男性	共働き子なし	18%

注：家族形態は回答者が世帯主か世帯主の配偶者のみの数字。金融資産は既婚は夫婦合計、その他は個人の資産（図表1-7まで同じ）
資料：MRI-mif2019

なる。次は「会社役員・代表の男性」で38％というように見てほしい。概して女性のほうが上位に多いことに気づく。

男性は「年収600万円以上」で33％、「公務員」で25％、「修士・博士」で24％、「妻が専業主婦子あり」だと22％が「中の上以上」になれる。

以下、**図表1－5、1－6、1－7**では、それぞれ「中の中」「中の下」「下」と回答した割合の多い順に並べてある。

「中の上以上」と同様に氷河期

図表1-5　「中の中」になる条件（氷河期世代）

家族形態別男性	共働き子あり	53%
家族形態別女性	専業主婦子あり	53%
家族形態別女性	共働き子あり	51%
職業別男性	公務員	51%
個人年収別女性	400～600万円未満	50%
家族形態別女性	共働き子なし	49%
職業別女性	公務員	49%
個人年収別男性	600万円以上	49%
配偶関係別女性	既婚	48%
学歴別女性	４大	48%
個人年収別女性	300～400万円未満	48%
金融資産	300～1,000万円未満	48%
個人年収別女性	600万円以上	46%
家族類型別男性	共働き子あり	46%

資料：MRI-mif2019

世代男女全体のパーセンテージより5ポイントほど多い属性を選んで並べた。

「中の中」になりやすいのは男女ともに「共働き子あり」の世帯であり、女性は「共働き子なし」世帯でも49％が「中の中」になれた。氷河期世代の男女にとっては結婚し共働きをすることが中流の条件になったのだとわかる。彼らの親の世代だったら専業主婦のいる世帯であることが最も中流の条件になったと思うが、時代は変わったのである。

とはいえ女性で「専業主婦子あり」は53％が「中の中」であるので、専業主婦

図表1-6　「中の下」になる条件（氷河期世代）

個人年収別男性	300～400万円未満	43%
職業別女性	会社役員・代表	42%
個人年収別男性	200～300万円未満	39%
金融資産	100万円未満	39%
配偶関係別男性	離別	38%
職業別男性	非正規雇用	36%
個人年収別女性	200～300万円未満	36%
学歴別男性	短大・専門	36%
個人年収別女性	100～200万円未満	35%
配偶関係別女性	未婚	35%
個人年収別女性	100～200万円未満	35%
金融資産	特になし	35%
配偶関係別女性	離別	34%
個人年収別男性	100～200万円未満	34%
学歴別男性	高卒以下	34%
個人年収別男性	100万円未満	34%

資料：MRI-mif2019

になると下流になるという傾向は本調査からは見えない。もちろん『貧困専業主婦』という本も出ているくらいであって、夫の年収が低いのに専業主婦をしている女性もいるようであるが。

年収別では女性は「300～400万円未満」であれば48%、半数が「中の中」になれる。男性は「600万円以上」で半数が「中の中」である。男性は「600万円以上」で33%が「中の上以上」だったので、合計すると8割以上が「中の中」以上である。

図表1-7　「下」になる条件（氷河期世代）

個人年収別男性	わからない	43%
個人年収別男性	100万円未満	43%
個人年収別男性	100〜200万円未満	42%
職業別男性	非正規雇用	39%
個人年収別男性	200〜300万円未満	35%
職業別男性	家族従業員など	33%
個人年収別女性	わからない	33%
配偶関係別男性	未婚	33%
金融資産	特になし	33%
家族形態別男性	一人暮らし	32%
学歴別男性	高卒以下	31%
配偶関係別女性	離別	30%
配偶関係別男性	離別	29%
職業別男性	自営業・自由業	26%
家族形態別女性	一人暮らし	25%
学歴別女性	高卒以下	27%
職業別女性	家族従業員など	25%
配偶関係別女性	未婚	25%
金融資産	100万円未満	25%

資料：MRI-mif2019

女性は「600万円以上」で「中の中」という人が46％だから、「中の上以上」と合計するとなんと87％である。

もちろんこれには地域差があり、首都圏に住んでいる人は「600万円以上」でも「中の上以上」は少なく、「中の中」が多い。地方なら「600万円以上」で「中の上以上」が増え、「中の中」が減る。

また男女ともに「公務員」であれば半数が「中の中」であり、「中の上以上」と合計すると公務員は男女ともに8割前後が「中の中」以上になれる。

また既婚の女性、4大卒の女性も5割近くが「中の中」である。


逆に「中の下」になりやすいのは年収が「300～400万円未満」の男性であり、4割以上が「中の下」である。これは雇用形態とかなり相関しているはずであり、「非正規雇用」の男性は36％が「中の下」である。

また非正規雇用と学歴も相関しているはずであるが、男性の学歴が「短大・専門学校」だとやはり36％が「中の下」である。

さらに男性は「離別」でも「中の下」が38％であり、女性の「離別」の34％より多い。


階層意識「下」が最も多いのは年収が「200万円未満」の低収入の男性であり、4割以上が「下」と回答している。

年収が「200～300万円未満」でも35％が「下」であり、また「非正規雇用」の男性は39％が「下」である。

また家族形態では男性は「一人暮らし」の32％が「下」である。女性の「一人暮らし」は25％が「下」なので、男性のほうが「一人暮らし」であることが階層意識を下げるようである。

男性は「離別」「一人暮らし」に弱いのである。

公務員同士の夫婦は9割が「中の中以上」の「上級国民」

以下、属性別に詳しく見る。

まず正規雇用・非正規雇用などの職業別では女性より男性の格差が大きい（図表1－8）。女性は非正規でも結婚して夫が正規なら階層意識が下がらない、もしかすると上がるからである。

男性の正規では「中の上以上」が15％、「中の下」以下が44％なのに、非正規では「中の上以上」は3％しかなく、「中の下」以下は75％もある。

また公務員は「中の上以上」が25％もあり、「中の下」以下は26％しかない。特に女性では「中の上以上」が31％、「中の下」以下は20％しかない。正規・非正規の格差は大き

図表1-8　氷河期世代男女別・職業別階層意識

	人数	中の上以上	中の中	中の下	下
男性					
正規雇用	2,571	15%	42%	30%	14%
公務員	249	25%	49%	18%	8%
非正規雇用	431	3%	22%	36%	39%
会社役員・代表	76	38%	38%	11%	13%
自営業・自由業	386	11%	34%	29%	26%
家族従業員など	102	5%	27%	35%	33%
女性					
正規雇用	945	14%	45%	28%	13%
公務員	59	31%	49%	15%	5%
非正規雇用	1,259	9%	38%	33%	20%
会社役員・代表	12	25%	33%	42%	0%
自営業・自由業	130	14%	35%	33%	18%
家族従業員など	86	17%	36%	21%	26%

資料：MRI-mif2019

いが、正規と公務員の格差も非常に大きいのだ。

表にはないが夫婦ともに公務員である人では「中の上以上」が33％、「中の中」以上では89％にもなる！

公務員を最近「**上級国民**」と呼ぶ傾向があるが、この格差を見てはそれも当然と思える。

繰り返すが、男性の非正規は「中の上以上」はわずか3％で、「中の下」「下」の合計は75％にもなる。公務員が「中の中」以上で74％であるから、ちょうど対極である。フリーターとフリーランスの違いがわからないわが国の総理によく見てほしい。

また男性の自営業・自由業は「中の上以上」は11％だけであり、「中の下」「下」の合計は55％である。

女性も非正規で「中の上以上」は9％にすぎず、「中の下」「下」の合計は53％である。

また既婚以外の非正規や自営業・自由業の女性に限れば「中の下」「下」の合計はいずれも59％である。

このように氷河期世代の、非正規、自営業・自由業の人間は、長期的に続いてきた不況の中で、いわば「上級国民」に対置される「下級国民」のように扱われたのだ。

女性にも年収格差がはっきりしてきた

年収別の階層意識は男性では600万円以上で83％が「中の中」以上、300万円未満では7割から8割近くが「中の下」以下である（**図表1－9**）。

女性では600万円以上では41％が「中の上以上」、400～600万円未満では50％が「中の中」、100～300万円未満では35～37％が「中の下」である。100万円未

図表1-9　氷河期世代男女別・個人年収別階層意識

	人数	中の上以上	中の中	中の下	下
男性					
100万円未満	465	3%	19%	35%	43%
100〜200万円未満	275	4%	20%	34%	42%
200〜300万円未満	405	2%	24%	39%	35%
300〜400万円未満	564	4%	30%	43%	23%
400〜600万円未満	1227	9%	45%	35%	12%
600万円以上	1074	34%	49%	12%	5%
女性					
100万円未満	2038	13%	45%	27%	16%
100〜200万円未満	575	9%	33%	35%	24%
200〜300万円未満	474	7%	36%	37%	20%
300〜400万円未満	320	11%	48%	33%	9%
400〜600万円未満	325	22%	50%	20%	8%
600万円以上	111	41%	46%	12%	2%

資料：MRI-mif2019

満で「中の中」が45％なのはパート主婦が多いためであるが、全体として女性も年収が高いほど階層意識が上がり、年収が低いほど階層意識が下がるという傾向が男性とあまり違わないくらい出ている。

女性が結婚して子どもができても働くことが当たり前になったために、女性の年収の格差と階層意識が比例するようになったのである。昔のように、既婚なら専業主婦かパート主婦がほとんどであった時代なら出なかった傾向である。すでに言われているように、女性間での収入や職業

図表1-10　氷河期世代・金融資産別階層意識

	人数	中の上以上	中の中	中の下	下
特になし	1,680	6%	32%	29%	33%
100万円未満	1,682	6%	29%	39%	25%
100〜300万円未満	1,309	10%	42%	35%	13%
300〜500万円未満	752	12%	48%	29%	11%
500〜1000万円未満	1,009	16%	48%	27%	10%
1000〜2000万円未満	765	23%	48%	21%	8%
2000万円以上	676	37%	45%	13%	6%

注：既婚は夫婦合計、その他は個人の資産
資料：MRI-mif2019

地位の格差、いわゆる「**女々格差**」がはっきり見えてきたのだ。

また男女合計で金融資産別に階層を見ると（既婚は夫婦合計、それ以外は個人の預貯金、有価証券、暗号資産の総額）、「2000万円以上」は「中の上以上」が37%、「中の中」が45%であり、かなり上流である（**図表1－10**）。

また「300〜2000万円未満」は「中の中」が48%であり、おおむね中流である。

だが「100〜300万円未満」では「中の下」以下が48%、「100万円未満」では「中の下」以下が64%であり、ほぼ下流である。

老後の生活の安定のためには2000万円が必要であり、そうでないと年金だけでは苦しいという当たり前の事実を金融庁の審議会が報告し、それを財務大臣が否定するというおかしな事件が19年にあったが、このデータを見れば、金融資産2000万円以上でないとまず安定はないということは明らかである。

それにつけても、40歳前後である氷河期世代で、金融資産が「特になし」「100万円未満」が全体の4割、300万円未満だと56％を占めているというのは、かなり危機的である。彼らがこれから金融資産を2000万円にできるとは思われない。氷河期世代の老後が気にかかる。

コロナが可視化した正規雇用と非正規雇用・自営業の大格差

コロナによる各種業界の休業はリーマン・ショック時をはるかに超えるほど非正規の雇用を減らすだろう。某タクシー会社は正規雇用の運転手をいったんは全員解雇しようとしたくらいであるから、非正規雇用の解雇はかなり深刻である。

しかも解雇されても他に雇用されにくいのが今回のコロナの大問題である。また県外への移動が制限されたために、埼玉県の学生が東京の居酒屋にバイトに行けないという問題

図表1-11
氷河期世代男性・非正規雇用者の年収別階層意識

	人数	中の上以上	中の中	中の下	下
合計	431	3%	22%	36%	39%
100万円未満	72	4%	19%	36%	40%
100〜200万円未満	127	2%	21%	35%	43%
200〜300万円未満	119	1%	14%	41%	44%
300〜400万円未満	58	3%	36%	38%	22%
400〜600万円未満	26	4%	46%	35%	15%
わからない	26	4%	19%	23%	54%

注：600万円以上は3人のため割愛
資料：MRI-mif2019

も生まれた。単なる景気の下降ではありえない問題が起こったのだ。

大学の学費を払うために夜の商売で働く女子学生もバイト先を失い、もしかすると大学中退者も増えるかもしれない。

また非正規とは限らないが、ネットカフェの休業によるカフェ利用者（東京都だけで1日平均4000人）のホームレス化という問題も生じた。

このように正規雇用と非正規雇用の格差の大きさを、あらためてコロナは可視化した。同時に自営業への圧迫も強く、特に飲食業のような業種まで休業、廃業に追い込まれたのは非常に大問題である。

男性の非正規の世帯主は「中の下」以下が94％！

男性の非正規雇用者に限って年収別階層意識を見ると、300万円未満までは「中の下」以下が7割から8割以上いる（図表1－11）。400〜600万円未満でようやく「中の中」が46％となる。しかし年収400万円以上の人は非正規雇用の男性431人のうち29人に過ぎない。約7割の318人は300万円未満である。

200〜300万円未満の男性のほうが200万円未満の男性よりも「中の下」以下が多く85％もいるので、なぜかと思ったが、200〜300万円未満の男性は世帯主の場合（一人暮らしを含む）、94％が「中の下」以下であることが影響している。非正規の男性は結婚して「中の中」以上になることはほぼ不可能なのだ。

こういうわけであるから、氷河期世代への対策として、各自治体が公務員としての採用をわずかだが始めたことは、焼け石に水、遅きに失した、あと10年早くすべきだったとはいえ、いちおう評価はできると言わねばならない。それにしても、10年前の旧民主党政権のときになぜやらなかったのだろう。

2　結婚格差と出産格差

結婚は人生最大のコト消費

考えてみれば、結婚は人生最大のコト消費だろう。人生最大のモノ消費は住宅であるが、普通は2000万円から5000万円くらいである。それに対して結婚は、東京でなら、住宅を購入し、子ども2人を私立の中高一貫校に入れてとなると最低1億、最大はきりがない。

昔は小学校しか出ていない貧乏な男女が、長屋のご隠居さんかお節介ばあさんに言われて簡単に結婚したが、今はそうではない。年収500万円程度の中流も、慎重に吟味してから結婚することが増えた。

慎重に吟味するのでなかなか結婚しなくなったし、慎重さに欠けた結婚は離婚もしやす

図表1-12　氷河期世代男女別・配偶関係別階層意識

	人数	中の上以上	中の中	中の下	下
男性					
未婚	1,993	7%	29%	33%	32%
既婚	2,108	19%	46%	26%	10%
離別	133	9%	25%	38%	28%
女性					
未婚	1,203	8%	32%	34%	25%
既婚	2,615	15%	48%	25%	12%
離別	260	11%	26%	34%	29%

資料：MRI-mif2019

い（はずだ）。

テレビで永六輔が、昔は一緒に苦労しようと言って結婚したが、今は一緒に楽しもうと言って結婚すると話していたのはもう45年くらい前だ。楽しめる結婚を目指し、階層の維持を、できれば上昇を求めて結婚する時代に、おそらく高度経済成長期を経て、なった。

男はひとりじゃ生きていけない？

氷河期世代の配偶関係別の階層意識を見ると、男性は未婚より既婚で中流や上流が増える（**図表1－12**）。

男性未婚は「下」が32％だが、女性未婚は25％。対して男性既婚では「中の上以上」が19％だが、女

図表1-13
男女未婚者の年齢別階層意識（「中の下」以下の合計割合）

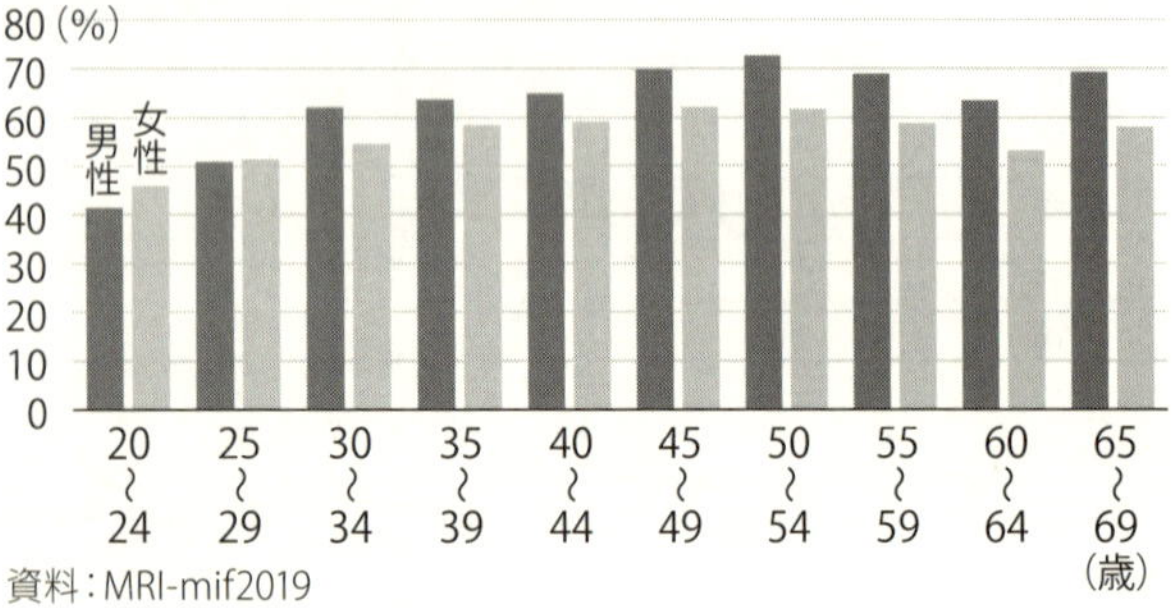

資料：MRI-mif2019

性既婚では15％なのである。男性のほうが未婚だと下流化し、既婚だと上流化するのだ。

これは従来の常識からするとちょっと変である。私の調査経験でも未婚であることは男性よりも女性のほうが階層意識を下げる効果を持ったはずだ。

だが、よく考えてみると、それは30歳くらいの女性を対象に分析をしていたのだ。40歳前後の氷河期世代だとそうではないらしい。

そこで試みに男女5歳ごとの年齢別階層意識を集計してみた（**図表1－13**）。

すると結果は、30歳を超えると、男性未婚者のほうが階層意識「中の下」以下の割合が大きくなる。女性は35歳から59歳まではほとんど横ばいなのに、男性は35歳から54歳までは「中の下」以下の割合が増え続けることがわかった。

現代において未婚であることは女性より男性において階層意識を低下させるのである。

私は昔の日本映画を見るのが好きだが、そこに登場する女性のセリフに「女はひとりじゃ生きていけないから、男がいないとだめなの」といった言葉がよく出てくる。だが現代では、男はひとりじゃ生きていけない、結婚しなけりゃ中流じゃないという風潮があるのかもしれない。

子どもがいることは中流の証し

配偶関係が階層意識に影響を与えるということは家族形態による階層差も予想される。

そこで、家族形態を「一人暮らし」「専業主婦子あり世帯」「専業主婦子なし世帯」「共働き子あり世帯」「共働き子なし世帯」「その他」に分けて集計してみた（図表1－14）。

すると男性では「専業主婦子あり世帯」で「中の上以上」が22％、「共働き子あり世帯」で「中の上以上」が19％、いずれも「中の中」まで合計すると7割前後だった。妻が有職かどうかにかかわらず子どもがいることが階層意識を高めている。

図表1-14　氷河期世代男女別・家族形態別階層意識

	人数	中の上以上	中の中	中の下	下
男性					
一人暮らし	776	7%	29%	31%	32%
専業主婦子あり	534	22%	46%	23%	9%
専業主婦子なし	109	17%	35%	36%	13%
共働き子あり	355	19%	53%	22%	6%
共働き子なし	167	18%	41%	27%	14%
女性					
一人暮らし	468	9%	33%	32%	25%
専業主婦子あり	831	16%	53%	22%	9%
専業主婦子なし	259	15%	44%	27%	15%
共働き子あり	261	16%	51%	25%	8%
共働き子なし	179	21%	49%	19%	12%

注：回答者が世帯主か世帯主の配偶者のみの数字。「その他」の家族形態は省略
資料：MRI-mif2019

対して男性の「一人暮らし世帯」は「中の上以上」は7％だけであり、「中の下」以下が63％もいた。

女性は「共働き子なし世帯」で「中の上以上」が21％と高く、「中の中」まで合計すると7割だった。経済的・時間的に自由が多いことが階層意識を上げるのだろう。

「共働き子あり世帯」「専業主婦子なし世帯」「専業主婦子あり世帯」では、いずれも「中の上以上」が15〜16％、「中の中」以上の合計でほぼ6割弱から7割だった。十分に中流である。

「一人暮らし」は「中の上以上」は9％

しかなく、「中の下」以下は57％だった。

このように女性は結婚によって階層が上昇し、かつ子どもがいない共働き世帯は、お金と時間が自由なことによって階層意識が最大化することがわかる。

上流が結婚相手に求めるものは外見と親を大切にすること

階層意識別に結婚相手に求める条件を見たところ、「中の上以上」の男性で多いのは、「性格」「外見」「自分の親を大切にすること」「経済力」である（**図表1－15**）。ただし「性格」や「自分の親を大切にすること」は女性のほうが重視している。

また女性に「経済力」を期待する男性は階層による差はない。最近は女性も男性並みに働く人が増え、男性から見れば、自分の仕事がうまくいかなくなって収入が減ったときなど、女性が男性並みに一定の収入を得る力があることを期待するのだろう。

他方、女性が男性に求めるのは「経済力」が8割ほどで、どの階層でもほぼ同じである。

「中の上以上」の女性では「学歴」を求める人も多く25％。「下」では8％しかない。

また「中の上以上」の女性は「外見」を求める人もやや多く57％。これは男性全体の44

図表1-15　氷河期世代男女別（既婚以外）・階層意識別結婚相手に求める条件（主なもの）

	人数	経済力	学歴	外見	家事をしてくれること	自分の親を大切にすること	性格
男性	1,606	30%	8%	44%	39%	31%	71%
中の上以上	116	33%	17%	55%	44%	36%	74%
中の中	496	28%	10%	43%	40%	34%	70%
中の下	529	30%	6%	47%	44%	33%	77%
下	465	31%	5%	39%	32%	26%	65%
女性	1,082	82%	13%	44%	47%	52%	85%
中の上以上	95	85%	25%	57%	46%	59%	85%
中の中	351	85%	15%	48%	50%	56%	88%
中の下	363	82%	11%	39%	45%	48%	85%
下	273	77%	8%	40%	47%	50%	79%

資料：MRI-mif2019

％よりもかなり多い。上流女性は学歴と外見を男性に求めるのだ。

さらに「中の上以上」の女性は「自分の親を大切にすること」を求める人が59％と多く、男性よりも一段と多い。古い考えでは、女性は夫側の家に嫁に行くので、自分の親より夫の親を優先することが多かったが、今は男女平等意識が強まったので、女性も夫に自分の親を大事に考えてほしいという意識が強まったのだろう。

男性が結婚できる条件

図表1-16　氷河期世代男性・属性別配偶関係

		人数	未婚	既婚	離別
氷河期男性全体		4,236	47%	50%	3%
年収別	100万円未満	465	87%	11%	2%
	100～200万円未満	275	86%	12%	2%
	200～300万円未満	405	69%	26%	5%
	300～400万円未満	564	55%	42%	3%
	400～500万円未満	667	36%	59%	5%
	500～600万円未満	560	26%	70%	4%
	600万円以上	1,074	20%	78%	2%
学歴別	高卒以下	1,051	60%	36%	4%
	短大・専門	707	48%	47%	5%
	４大	2,049	41%	56%	2%
	修士・博士	396	38%	59%	3%
職業別	正規雇用	2,571	33%	64%	3%
	公務員	249	21%	76%	3%
	非正規雇用	431	86%	10%	4%
	会社役員・代表	76	29%	67%	3%
	自営業・自由業	386	62%	35%	4%
	家族従業員など	102	75%	22%	4%

資料：MRI-mif2019

氷河期世代の男性の既婚率を属性別に集計してみる（**図表1－16**）。年収が上がるほど既婚率も上がる。年収400万円が境目であり、400万円以上になって既婚が6割近くになり、500万円以上で7割に達する。本章の冒頭で見たように日本人の男性の年収の最も中間的な金額は450万円前後である。これがまさに男性が結婚できるかどうかの境目なのである。

学歴別では「4大」だと既

婚が半数を超えるが「短大・専門」では既婚と離別を合計して52％であり、「高卒以下」では6割が未婚である。夜学の高卒でも結婚するのが当たり前だった吉永小百合と浜田光夫の青春映画の時代が懐かしい。

職業別では「正規雇用」は64％が既婚、「公務員」は76％が既婚だが、「非正規雇用」は86％が未婚であり、既婚は10％しかなく、「離別」が4％いる。14％が結婚したがそのうち3割が離婚したことになる。

女性が結婚できる条件

女性が結婚できる条件を年収別に見ることは難しい。結婚前は高収入を得ていても結婚後は専業主婦や非正規雇用になったりするため年収が下がる人が多いからである。

そこで女性については、既婚以外の女性について、現在交際している異性がいるかを集計した（**図表1－17**）。交際しているから結婚するとは限らないが、交際せずにいきなり結婚することは考えにくいので、交際率が結婚の可能性と比例すると言えるはずだ。

年収別に見ると、「400～600万円未満」の女性が最も交際している異性がいる割合が高い。だが他の年収階層とそれほど大きな差はない。学歴による差もない。

ただし職業別にはやや差があり、「正規雇用」の女性の28％が交際しているのに対して、「非正規雇用」の女性は22％であるなど、正規雇用が有利である。

図表1-17　氷河期世代女性・属性別交際している異性のいる割合

		人数	いる
年収別	100万円未満	309	16%
	100～200万円未満	267	22%
	200～300万円未満	302	27%
	300～400万円未満	194	27%
	400～600万円未満	208	30%
	600万円以上	60	17%
学歴別	高卒以下	409	24%
	短大・専門	490	21%
	４大	513	24%
	修士・博士	52	25%
職業別	正規雇用	587	28%
	公務員	25	20%
	非正規雇用	475	22%
	自営業・自由業	77	14%
	家族従業員など	35	20%

資料：MRI-mif2019

出産格差

また、既婚女性については、5年以内に子どもをもうけると思うかを集計した（**図表1－18**）。これについては25～39歳の女性で集計した。

階層意識別では「中の上以上」の女性は「子どもをもうけていると思う」人が41％と多く、「中の下」では27％、「下」では24％と

	①	②	③	④	⑤	⑥
500～600万円未満	423	30%	12%	14%	6%	37%
600～800万円未満	629	36%	15%	12%	6%	31%
800万円以上	522	38%	17%	14%	5%	26%
自分の学歴						
高卒以下	642	23%	12%	15%	8%	42%
短大・専門	703	27%	14%	14%	8%	37%
4大	1,122	33%	14%	15%	7%	32%
修士・博士	67	37%	24%	10%	9%	19%
夫の学歴						
高卒以下	697	26%	12%	15%	8%	39%
短大・専門	458	25%	15%	13%	10%	38%
4大	1,153	31%	13%	16%	6%	33%
修士・博士	184	34%	18%	12%	6%	30%
自分の職業						
正規雇用	452	41%	19%	15%	4%	21%
公務員	48	**63%**	13%	6%	8%	10%
非正規雇用	585	26%	14%	14%	5%	42%
自営業・自由業	36	33%	17%	17%	6%	28%
家族従業員など	31	23%	7%	7%	7%	58%
夫の職業						
正規雇用	2,126	32%	14%	15%	6%	32%
公務員	250	**42%**	12%	14%	8%	24%
非正規雇用	67	25%	10%	16%	7%	40%
自営業・自由業	143	31%	11%	10%	8%	39%
家族従業員など	35	17%	17%	9%	9%	49%
会社役員・代表	83	25%	14%	18%	2%	40%
就業と子有無別						
専業主婦子あり	935	23%	11%	16%	10%	41%
専業主婦子なし	296	49%	16%	13%	3%	20%
共働き子あり	346	35%	16%	17%	8%	24%
共働き子なし	265	53%	17%	12%	2%	17%

図表1-18
25～39歳既婚女性・属性別5年以内に子どもを産む可能性

	①人数	②子どもをもうけていると思う	③どちらかといえば子どもをもうけていると思う	④どちらともいえない	⑤どちらかといえば子どもをもうけていないと思う	⑥子どもをもうけていないと思う
25～39歳既婚女性全体	2,762	33%	14%	15%	6%	32%
階層意識						
中の上以上	403	41%	16%	12%	6%	26%
中の中	1,367	35%	14%	14%	7%	31%
中の下	698	27%	14%	17%	7%	35%
下	294	24%	13%	17%	4%	42%
自分の年収						
100万円未満	1,693	27%	13%	15%	8%	38%
100～200万円未満	302	37%	13%	11%	6%	33%
200～300万円未満	249	48%	20%	8%	4%	20%
300～400万円未満	204	42%	22%	15%	3%	18%
400～600万円未満	161	50%	16%	16%	4%	15%
600万円以上	28	32%	18%	21%	4%	25%
夫の年収						
200万円未満	129	30%	17%	16%	2%	35%
200～300万円未満	253	32%	12%	13%	7%	36%
300～400万円未満	538	38%	14%	14%	7%	28%
400～500万円未満	577	33%	14%	15%	7%	32%
500～600万円未満	421	32%	15%	13%	7%	33%
600～800万円未満	400	32%	13%	13%	6%	36%
800万円以上	167	21%	16%	16%	7%	41%
夫婦合計年収						
200万円未満	220	28%	17%	17%	7%	31%
200～300万円未満	130	33%	12%	14%	8%	33%
300～400万円未満	327	27%	13%	15%	8%	36%
400～500万円未満	417	28%	13%	16%	7%	37%

資料：MRI-mif2019

格差が大きい。

自分の年収別では200万円以上600万円未満で高いが、夫の年収別ではあまり違いがない。

夫婦合計年収別では600万円以上だと「子どもをもうけていると思う」人が36～38％と多いが、500万円未満になると3割を切り始める。

自分が300万円、夫が500万円、合計800万円くらいが最も子どもをつくりやすいようである。しかしこれはかなりハードルが高い条件である。これでないと子どもを産まないよと言われると日本社会は困るであろう。せめて妻240万円、夫400万円くらいは欲しいところだ。だが、実際にそんな夫婦は多数派ではないから少子化するのである。

自分の学歴では「4大」で33％、「修士・博士」で37％なのに、「高卒以下」では23％と格差が激しい。

夫の学歴ではやはり「4大」で31％、「修士・博士」で34％と高く、「高卒以下」では26％と格差がある。

自分の職業別では、「公務員」の女性の63％が「子どもをもうけていると思う」と回答しており断トツである。「正規雇用」は41％だが「非正規雇用」は26％と格差が大きい。夫の職業別では、「公務員」が42％で高い。長期的に安定しているからである。「会社役員・代表」であることは、あまり出産には関係しない。

就業状態と子どもの有無で見ると、「専業主婦」より「共働き」の女性のほうが「子どもをもうけていると思う」人が多い。また現在子どもがいない女性のほうがすでに子どもがいる女性より同様の回答をする割合が多いが、これは当然である。

このように見ると、女性も男性も4大以上の学歴で、正規雇用、できれば公務員であり、共働きで夫婦合計年収が600万円以上あれば子どもをもうけやすいということである。

出産格差とも言うべきものがここにはある。正規雇用、特に公務員だと育児休暇制度も充実しており、正規雇用でも大企業であるほど充実している。一度、正規雇用となって結婚、出産すれば、長期の休暇を取りながら収入もあり、復職もできる。

しかし非正規だと、いつ解雇されるかわからない上に、育児休暇もないので、働いている途中で妊娠したら離職しないといけなくなる。これで少子化が解決するはずがない‼

しかも、再三述べてきた現代のリスク社会は、若い世代に子どもを産むことを躊躇させるだろう。

少子化対策の失敗

少子化が問題になり、厚生省（当時）が主管となって「少子化への対応を考える有識者会議」というものが1998年に設置された。私はその会議の最初の委員の一人である。だが私はこの会議がそもそも失敗だったと思っている。なぜなら、ひとことで言えば高学歴エリートの学者の女性が委員に集まりすぎていたからである。結果、出産、子育てで私は研究をする時間がないという気持ちを強く持った女性の意見がどんどん出てきて、座長の長老女性社会学者が、「みなさん、あまりに子どもを邪魔にしたような発言をしているけど、私は最近孫ができてとても嬉しい。子どもは将来にもらえるボーナスのようなものだ」といった意味の発言をして場をなだめたほどである。

たしかにエリート女性の子育ては支援されるべきだが、問題はエリートだけではない。子育ては大変だろうし、夫も手伝うべきだし、保育園ももっと整備すべきだったが、彼女たちは、きっと今はどこかの大学教授になり、相対的に高い社会経済的地位を獲得しているはずである。

だが、少子化の原因は、社会経済的地位の高い人、学歴も年収も高い正規雇用者が子どもをつくらなくなったことよりも、反対に、非正規雇用者を始めとして、学歴も年収も低い人たちが結婚しない、子どもをつくれないという状態になったことである。そして後者のほうが数が多い。

つまり少子化問題の最大の理由は経済的問題なのだから、正規雇用者を増やしたり年収を上げたりする政策こそがまず先に打たれるべきだったのだ。

ところが少子化問題国民会議は、社会学的、ジェンダー的な視点中心で始まった。他方、経済政策は非正規雇用者を増やす方向に力を注いだのである。これで子どもがたくさん生まれるはずはなかったのだ。

私も会議で社会学的視点から発言した。ただしそこには都心と郊外という職住分離の都市構造が、男女の性別役割分業と重なっていることを解決しなければならないという独自の視点があった。(注)この視点がその後も私の視点として一貫していることは、私の常連読者の方であれば認めてくださるだろう。

そういう発言を、会議の関連部会でもしたが、座長の人口問題研究所所長は、そんなに郊外が悪いと言われてもねえ、という程度のとんちきな反応だった。人口問題研究所なんてものは、何年もの間、全然当たらない予測をし続けてきたので、民間企業の経営企画室だとしたらとっくに廃止されている。そこの所長は国立大学を定年した教授の名誉職みたいなもので、新しい視点も政策も提案できないのだ。

（注）拙著『「豊かな社会」のゆくえ』『「家族と郊外」の社会学』参照。少子化問題国民会議に呼ばれたのは『「家族と郊外」の社会学』がきっかけである。

3　階層と消費、余暇、健康

下流や男性はモノ志向、上流や女性はコト志向

次に消費面について書く。

「金持ちになり高級品を持ちたいか」という質問への回答を職業別に集計すると、男性正規雇用では「とてもそう思う」「そう思う」が合計で38％あり、男性非正規雇用では30％である。差があると言えばあるが、ないと言えばない。非正規の男性でも3割はもっとお金が欲しいと思っていることは確かである。

また「欲しいモノがすぐに思い浮かぶ」という男性は正規では44％だが、非正規では47％であり、非正規のほうが多い。もっと収入があれば欲しいモノを買いたいのである。

ただし海外旅行などのコト消費の志向性については、正規が非正規よりかなり強い。非

図表1-19　氷河期世代男性とバブル世代女性の個人年収別消費志向

	氷河期男性 欲しいモノがすぐに思い浮かぶ		氷河期男性 行きたい旅行先がすぐに思い浮かぶ		バブル女性 行きたい旅行先がすぐに思い浮かぶ	
	とてもそう思う	そう思う	とてもそう思う	そう思う	とてもそう思う	そう思う
100万円未満	14%	32%	6.9%	18.5%	17.9%	33.4%
100〜200万円未満	16%	34%	12.7%	26.2%	16.3%	35.1%
200〜300万円未満	14%	33%	13.8%	24.7%	17.9%	40.9%
300〜400万円未満	12%	30%	13.7%	32.1%	23.0%	37.0%
400〜600万円未満	12%	34%	16.3%	31.0%	26.2%	39.9%
600万円以上	12%	33%	18.6%	34.5%	31.3%	36.7%

資料：MRI-mif2019

正規だとまずは生活に必要なモノが欲しいという気持ちが強く、コト消費、サービス消費までは手が届かないのだろう。

また男性を年収別に見ると、「欲しいモノがすぐに思い浮かぶ」について「とてもそう思う」人は年収が低い人ほどやや多い（図表1－19）。

だが「行きたい旅行先がすぐに思い浮かぶ」人は年収が高い人のほうがはっきりと多い。ただし表にはないが女性では年収別の差はない。

参考までに見ると、バブル世代の女性では「行きたい旅行先がすぐに思い浮かぶ」について「とてもそう思う」割合が、年収が高い人で増える傾向が非常にはっきりしている。

このように見ると、現代の消費の格差は、非常に簡単に図式化すると、

下流はモノ志向、上流はコト志向
男性はモノ志向、女性はコト志向

と言えそうである。

階層意識は余暇に表れる

階層意識による消費の差が顕著になるのは、まさにコト消費である余暇行動である。

階層意識別の余暇行動を見ると、「中の上以上」（上流）では、ヨガ・ピラティス・太極拳、スキー、ジョギング、ハイキング・登山、ウォーキングが多いなど、日常的に健康管理をしていることがわかる（**図表1－20**）。予防的ケアが行われているのである。

参加率が高いのは温泉、リゾート地、観光・名所めぐり、遊園地やテーマパークなどのレジャー施設であり、階層意識と参加率に比例関係がある。

他方、下流が上流より多いのは、パソコン、ゲーム、マンガ、録画やＤＶＤレンタルで

の映画鑑賞であり、階層意識が下がるほど内向的になっていく。

海外旅行に行かない人が7割を超えるのは「中の下」以下であり、数年に1回が2割を超えるのは「中の中」以上である（図表1－21）。年に1回以上だと「中の上以上」と「中の中」にも2倍の差が生ずるが、それは別とすれば、「中の中」と「中の下」の間に大きな分水嶺があると言える。

中の下	下	「中の上以上」と「中の下」の差（ポイント）
2,424	1,565	
27%	16%	14
5%	4%	9
23%	16%	9
20%	11%	8
11%	6%	8
22%	14%	5
7%	4%	5
4%	3%	5
2%	2%	5
9%	7%	5
5%	4%	4
4%	2%	4
19%	15%	4
4%	2%	4
9%	7%	-3
8%	5%	-3
14%	12%	-4
11%	11%	-4
12%	10%	-4
26%	21%	-5
31%	28%	-6
24%	21%	-7
31%	29%	-7

図表1-20　氷河期世代・階層意識別余暇行動参加率

(「中の上以上」と「中の下」の差が4ポイント以上かマイナス３ポイント以下)

	全体	中の上以上	中の中
人数	8,325	1,056	3,280
温泉	29%	41%	33%
リゾート地	8%	15%	9%
観光、名所めぐり	25%	32%	28%
遊園地やテーマパークなどのレジャー施設	22%	28%	26%
バーベキュー	12%	18%	15%
食べ歩き	23%	27%	26%
海水浴	8%	12%	9%
ヨガ、ピラティス、太極拳	5%	8%	6%
スキー	3%	7%	3%
ジョギング	10%	13%	11%
ハイキング、登山	6%	10%	7%
水泳(プール)	5%	8%	5%
ウォーキング	19%	23%	20%
ゴルフ	5%	8%	6%
パチンコ、スロット	7%	6%	6%
ゲームセンター	6%	5%	6%
Nintendo Switch、PS4 、Xbox 360等の、据置型家庭用ゲーム機でのゲーム	12%	11%	12%
パソコンでのゲーム・オンラインゲーム	9%	7%	7%
ニンテンドー3DSやPSP等の、携帯型家庭用ゲーム機でのゲーム	9%	7%	8%
録画やDVDレンタルでの映画鑑賞	24%	21%	24%
マンガを読む	28%	25%	26%
スマートフォンや携帯端末でのゲーム	21%	17%	21%
パソコン(ゲーム以外)	27%	24%	23%

注:「中の上以上」と「中の下」の差(ポイント)は、小数点以下を四捨五入しているため、表内の計算と合わない部分がある

資料:MRI-mif2019

図表1-21　氷河期世代男女計・階層意識別海外旅行頻度

	人数	行かない	数年に1回	年1回以上	わからない
合計	8,325	65%	18%	11%	6%
中の上以上	1,056	44%	29%	24%	4%
中の中	3,280	62%	20%	12%	5%
中の下	2,424	73%	16%	6%	5%
下	1,565	75%	10%	5%	10%

資料：MRI-mif2019

グローバル化した消費の落とし穴

しかし、今回のコロナ危機では、外出が大きく規制されたわけで、上流ほどしがちな旅行、なかでも海外旅行、あるいはスポーツ、各種の観戦、観劇など、外出して楽しむ余暇行動が大きなダメージを受けたのである。

むしろ、もともと家にこもってマンガを読んだりDVDを見たりゲームをしたりしている相対的に下流な人たちは、影響が少なかったわけだ。

これはなんとも皮肉なことである。バブル崩壊後、モノが次第に売れなくなり、デフレが進行し、モノの値段がすべて安くなっており、モノではもうからなくなった。人口減少も始まり、超高齢化が深刻化し、モノを次々に買い替える子育てファミリー層も減少し、ますます消費はコト消費、サービス消費にシフトした。

だが安いものしか買えない一般消費者が高いサービスを買えるわけはないので、コト消費、サービス消費は比較的裕福な人たち（つまり「中の中」以上）が主役となった。かつ、日本人だけでは「中の中」以上の人口が不足しているので、中国など海外からのインバウンドを大幅に増やした。消費がグローバル化したのだ。

ところがまさにこのインバウンドの中国人や富裕層のクルーズ船を始めとする海外からの帰国者が大きな火種となってコロナは広まった。政府のコロナ対策が遅れた一因も海外との交流を素早く規制できなかったところにあるし、さらにその背景には東京五輪の開催を中止したくないという思惑があった。インバウンドも日本人旅行者も少なく、五輪開催の予定もなければ、もっと対策は早く厳しく行われたであろう。

コロナリスクの完全な払拭というのは難しく、事態は長期化するらしい。インバウンド、日本人の旅行、特に海外旅行、大規模施設でのスポーツ、観戦、ライブなどなどは当分元通りには回復しない。

飲食店も完全復活は厳しそうだ。となると、高級化して単価を上げる店が増える可能性もある。もともと低価格の大衆居酒屋チェーンは厳しいだろう。個人店の居酒屋で常連で成り立つという店はなんとかやっていけるかもしれない。

人々の消費意欲はますます健康、衛生、保険などのリスク関連、ケア関連に向かうのではないかと思われる。

第２章

「さとり」は嘘。金と地位の上昇を希望

〜平成世代・氷河期世代・バブル世代の比較

1　消費意欲

縮まる男女差―平成世代の属性別階層意識

平成世代は、現在20～31歳と若く、学生も含まれていることなどから、全体としては階層意識の格差はまだ大きくない。

年収は男性では「400～600万円未満」で「中の中」が51％と急に増えるので、400万円以上が平成世代の中流の条件であるとわかる（**図表2－1**）。

さらに「600万円以上」だと突然「中の上以上」が49％と跳ね上がるので、600万円以上あれば上流気分ということになる。

ただし「200～300万円未満」でも「中の中」が32％であり、「下」はまだ22％と少ない。まだ若いので、年収による階層差を氷河期世代ほどは強く感じていないようである。

これが氷河期男性やバブル男性になると、「200〜300万円未満」では「下」が33〜35%に増え、バブル男性では「400〜600万円未満」でも「中の下」が43%に増えるなど、「中の下」以下のボリュームが増えていく。第1章で見たように、「中の中」以上であるには600万円以上が必要になるのである。氷河期やバブルの男性は「600万円以上」で「中の上以上」が32〜34%でほぼ同じである。

女性では、平成女性では200万円以上が中流の条件であり、氷河期女性では300万円以上、バブル女性ではできれば400万円以上が中流の条件であるというように、年収が順調に上昇する。

上流の条件としては、平成女性は「600万円以上」で59%が上流だと意識する（サンプルは22人）。氷河期女性、バブル女性ともに「600万円以上」は41%が上流である。

このように見ると、男女の差はあまり大きくなくなってきており、最終的には400万円以上で中流、600万円以上で上流に近づくと言える。もちろん男性の場合はもっと上を期待されるだろう。

	人数	中の上以上	中の中	中の下	下
平成女性	2,647	14%	42%	27%	18%
100万円未満	1,083	13%	43%	28%	17%
100〜200万円未満	366	12%	35%	31%	22%
200〜300万円未満	497	12%	40%	32%	16%
300〜400万円未満	300	18%	49%	24%	10%
400〜600万円未満	156	28%	52%	15%	5%
600万円以上	22	59%	32%	9%	0%
氷河期女性〔再掲〕	4,089	13%	42%	29%	17%
100万円未満	2,038	13%	45%	27%	16%
100〜200万円未満	575	9%	33%	35%	24%
200〜300万円未満	474	7%	36%	37%	20%
300〜400万円未満	320	11%	48%	33%	9%
400〜600万円未満	325	22%	50%	20%	8%
600万円以上	111	41%	46%	12%	2%
バブル女性	3,396	15%	39%	29%	17%
100万円未満	1,772	15%	41%	28%	16%
100〜200万円未満	564	13%	36%	32%	20%
200〜300万円未満	318	10%	35%	35%	21%
300〜400万円未満	200	13%	37%	35%	16%
400〜600万円未満	168	19%	46%	28%	7%
600万円以上	150	41%	45%	9%	5%

資料：MRI-mif2019

図表2-1　3世代男女別・年収別階層意識

	人数	中の上以上	中の中	中の下	下
平成男性	2,738	18%	37%	26%	19%
100万円未満	709	19%	31%	24%	27%
100～200万円未満	266	17%	30%	29%	25%
200～300万円未満	380	12%	32%	34%	22%
300～400万円未満	562	14%	39%	33%	14%
400～600万円未満	565	21%	51%	22%	6%
600万円以上	88	49%	43%	6%	2%
氷河期男性〔再掲〕	4,236	13%	37%	30%	21%
100万円未満	465	3%	19%	35%	43%
100～200万円未満	275	4%	20%	34%	42%
200～300万円未満	405	2%	24%	39%	35%
300～400万円未満	564	4%	30%	43%	23%
400～600万円未満	1,227	9%	45%	35%	12%
600万円以上	1,074	34%	49%	12%	5%
バブル男性	3,502	17%	35%	31%	18%
100万円未満	317	4%	14%	37%	44%
100～200万円未満	225	4%	17%	31%	48%
200～300万円未満	264	2%	19%	46%	33%
300～400万円未満	334	3%	25%	45%	27%
400～600万円未満	658	6%	38%	43%	13%
600万円以上	1,505	32%	45%	18%	5%

図表2-2　3世代男女別・職業別階層意識

	人数	中の上以上	中の中	中の下	下
平成男性	2,147	18%	39%	27%	17%
正規雇用	1,366	17%	40%	29%	14%
公務員	164	22%	52%	18%	8%
非正規雇用	461	16%	30%	27%	27%
氷河期男性	3,815	14%	39%	29%	18%
正規雇用	2,571	15%	42%	30%	14%
公務員	249	25%	49%	18%	8%
非正規雇用（再掲）	431	3%	22%	36%	39%
バブル男性	3,120	18%	37%	30%	15%
正規雇用	1,852	18%	41%	29%	12%
公務員	254	28%	46%	22%	5%
非正規雇用	299	5%	21%	42%	31%
平成女性	1,579	15%	41%	26%	18%
正規雇用	799	18%	44%	24%	13%
公務員	62	21%	48%	19%	11%
非正規雇用	630	12%	38%	27%	23%
氷河期女性	2,491	12%	41%	30%	17%
正規雇用	945	14%	45%	28%	13%
公務員	59	31%	49%	15%	5%
非正規雇用（再掲）	1,259	9%	38%	33%	20%
バブル女性	1,870	15%	38%	31%	17%
正規雇用	478	14%	37%	32%	17%
公務員	58	31%	53%	9%	7%
非正規雇用	1,067	14%	36%	31%	18%

資料：MRI-mif2019

図表2-3　平成世代男女別・学歴別階層意識

	人数	中の上以上	中の中	中の下	下
平成男性	2,738	18%	37%	26%	19%
高卒以下	723	10%	32%	32%	26%
短大・専門	319	10%	35%	34%	22%
4大	1,195	21%	40%	23%	16%
修士・博士	186	22%	50%	20%	8%
平成女性	2,647	14%	42%	27%	18%
高卒以下	716	11%	34%	31%	24%
短大・専門	599	10%	42%	28%	20%
4大	1,088	16%	47%	25%	13%
修士・博士	68	34%	41%	16%	9%

資料：MRI-mif2019

公務員の8割が「中の中」以上という
おそるべき格差社会

職業別では3世代とも男性公務員で「中の上以上」が多く、「中の中」と合計すると7割台、女性では氷河期とバブルで公務員の8割が「中の中」以上というおそるべき階層意識の高さが明らかになっている（図表2－2）。

対して非正規雇用の男性では階層意識「中の下」「下」を合わせた割合が、平成で54％、氷河期で75％、バブルで73％というように、年齢が上昇すると「下」が増える。特に平成から氷河期までの増加が激しい。

こうしたことから見ると、非正規雇用を正

規雇用にする、あるいは非正規雇用の待遇を上げるという措置は35歳までに講じられるべきであることが明らかである。第1章でも述べたように、氷河期世代への対策として、各自治体が公務員としての採用をわずかだが始めたことは、遅きに失した感が否めないのである。

学歴別階層意識については世代差はほとんどなかった（図表2－3）。男女ともに学歴が高いと「中の中」以上が増え、「中の下」以下が減ることが明らかであり、大卒以上と大卒未満の間にはっきりと分水嶺がある。コロナにより大学を中退したり進学をあきらめたりすることは、中流でいられるかどうかの分岐点になる可能性が高い。特に女性では大学院を修了することで「中の上以上」も増えている。

金持ちになりたい若者は多い

平成世代はゆとり世代、さとり世代とも言われる。ゆとり世代は、ゆとり教育を受けたので、個性重視で、できないことがあっても平気という価値観ということ。たとえば誰でも鉄棒で逆上がりくらいはできないとねえ、という考えはない。最低これくらいは誰でも

図表2-4　3世代別・上昇志向型の価値観の比較

■ 金持ちになり、高級品を持ちたい

	人数	とてもそう思う	そう思う	どちらともいえない	そう思わない	まったくそう思わない
平成世代	5,385	14%	25%	36%	18%	7%
氷河期世代	8,325	10%	24%	42%	18%	7%
バブル世代	6,898	7%	21%	43%	20%	9%

■ 人生の勝ち組になりたい

	人数	とてもそう思う	そう思う	どちらともいえない	そう思わない	まったくそう思わない
平成世代	5,385	20%	31%	36%	9%	4%
氷河期世代	8,325	12%	29%	45%	10%	4%
バブル世代	6,898	8%	26%	50%	12%	4%

資料：MRI-mif2019

できるでしょ、とは思わないのである。

さとり世代は、バブル世代である親から見ると無欲でさとりを開いているみたいに見えるから。バブル世代が20代のころは、高級車を買うとか、みんなでテニスやスキーに行くとか、クリスマスイブに湾岸のホテルを予約して、レストランでフランス料理を食べるとかの派手な消費生活を送っていた人も多いので、自分の子どもを見て驚くらしいのだ。

たしかにバブル世代とくらべれば、さとっているとも言えるだろう。

だが、ｍｉｆによると、平成世代が特に意欲がないとか、消費をしないと言い切れるデータはあまりない。

たとえば「金持ちになり、高級品を持ちたい」人は「とてもそう思う」「そう思う」の合計で平成世代は39％おり（男女計）、氷河期世代の34％より多いし、バブル世代の28％よりかなり多い（**図表２－４**）。

「人生の勝ち組になりたい」も平成世代は51％であり、氷河期世代の41％やバブル世代の34％よりかなり多い。

年をとるとともに社会経済的地位の上昇意欲は減る

世代ではなく年齢の問題かもしれないと考えて、ｍｉｆで２０１１年から19年の20代の意識の変化を見ると、「人生の勝ち組になりたい」「金持ちになり、高級品を持ちたい」人はほぼ横ばいであり、減少はしていない。平成世代に社会経済的地位の上昇意欲がないとは言えないのである。

むしろ年齢が上昇するにつれて、そうした社会経済的地位の上昇意欲が減退する。氷河期世代について11年から19年までの変化を見ると、「人生の勝ち組になりたい」「金持ちになり、高級品を持ちたい」人は、「とてもそう思う」「そう思う」ともに減少している。特に「人生の勝ち組になりたい」人は、27〜38歳だった11年は52%で、19年に20〜30歳である平成世代と同じだが、氷河期の2019年は41%と大きく減少している。

欲しいモノがすぐに思い浮かぶ

こうして考えると社会経済的地位の上昇意欲は、若いときは高いが年をとるにつれて低下すると考えるべきであり、特に平成世代が上昇意欲が低いとは言えないようである。

「欲しいモノがすぐに思い浮かぶ」に対して「とてもそう思う」人は平成世代（男女計）では17%、氷河期世代では13%、バブル世代では9%であり、若い人ほど欲しいモノが思い浮かぶ傾向がある（**図表2－5**）。

若いから欲しいモノをまだ買えておらず、だから欲しいモノが思い浮かぶのは当然なのだが、とにかく平成世代に物欲がないとは言えないのである。

図表2-5　3世代別・消費意欲の比較

■ 欲しいモノがすぐに思い浮かぶ

	人数	とてもそう思う	そう思う	どちらともいえない	そう思わない	まったくそう思わない
平成世代	5,385	17%	33%	28%	17%	4%
氷河期世代	8,325	13%	33%	32%	18%	4%
バブル世代	6,898	9%	30%	36%	22%	3%

■ 行きたい「旅行先」がすぐに思い浮かぶ

	人数	とてもそう思う	そう思う	どちらともいえない	そう思わない	まったくそう思わない
平成男性	2,738	16%	28%	32%	16%	9%
氷河期男性	4,236	15%	29%	33%	16%	8%
バブル男性	3,502	12%	32%	34%	17%	6%
平成女性	2,647	25%	32%	22%	14%	7%
氷河期女性	4,089	20%	34%	24%	16%	6%
バブル女性	3,396	19%	35%	23%	16%	7%

資料：MRI-mif2019

行きたい旅行先がすぐに思い浮かぶ

モノ消費ではなくコト消費の時代だとも言われるが、コト消費の典型である観光について、「行きたい『旅行先』がすぐに思い浮かぶ」かを聞いた質問では、「とてもそう思う」人は平成世代では20％であり、氷河期世代やバブル世代より多い。

特に平成女性では25％とそれが顕著であり、氷河期女性の20％、バブル女性の19％より多い。結婚、出産で旅行に行きにくくなるという思いがある女性は、若いときに行きたい旅行先が浮かびやすいのであろう。

このようにモノ消費についてもコト消費についても平成世代に欲がないとは言い切れない。

データは古いが17歳の高校生を２００１年から13年まで調査したところ、「高い地位につく」「高い収入を得る」「競争に勝利する」という回答は増えているという研究もある（多田隈翔一「物の豊かさを求める高校生」、友枝敏雄編『リスク社会を生きる若者たち』大阪大学出版会、２０１５）。01年の17歳は１９８４年生まれであり13年の17歳は96年生まれだから、氷河期世代の最後と平成世代の後半という年齢差がある。その過程で社会経済的地位の上昇志向が高まったらしいのである。

欲しいモノはあるが中古でもよい

ただし、平成世代が何が欲しいか、どんなことがしたいかは、産業界の人々の思惑と異なっている可能性は十分ある。産業界としてはマイカー、マイホーム、ファッションなどを買ってほしいが、さとり世代はゲームを買いたいだけかもしれないからである。

それから、欲しいモノはあっても、中古品を買う人が増えたり、ネットで買う人が増えたりしたので、新品を既存の業態の店舗で買う人が減ったことは言うまでもない。だが古着も中古車も中古住宅も人気が増大しているかもしれない（141、143ページ）。

旅行会社は、パリやローマに旅行してほしいが、平成世代が行きたいのはウズベキスタンかもしれないのである。

2　衣料品

年収が高くても古着を買う

新品にこだわらない中古志向はファッションにも言える。欲しい衣料品があったとしても新品ではなく、メルカリやオークションで買える時代である。「衣類をオークションや古着屋、フリマアプリ（メルカリなど）などで買う」人は平成女性では17％、氷河期女性では16％だが、バブル女性では12％である。やはりバブル女性は中古への抵抗が強いのであろう。

私が古着に注目したのは1998年から2001年ごろだが、そのころマーケティング調査をして、若者は古着が好きですとリポートしても、企業側は、今ちょっと景気が悪いからでしょ、景気が良くなれば古着は買わなくなるでしょ、という反応であった。そう反応したのはバブル世代である。

だが、古着好きの若者を調査すると、お金がないから古着を着ているのではなく、古着がオシャレだから、カワイイから着ているということがわかった。同じ大量生産品の同じ柄の服でも古着になると、色のかすれ方、生地の崩れ方などが一点一点違って味が出てくる。世界にただ一つの個性になる。それを若者は楽しんでいるということがインタビューをすればわかるのだ。

こういう時代から20年も経ち、今の高校生から見れば、お父さんもお母さんも古着を着ている時代である。だから、もしかすると今の若者も、衣類への支出は減少していたとしても購入数量は減っていない可能性がある。

私も東京・高円寺の古着屋で19年に、ジョルジオ・アルマーニのワイシャツを1000円で買った。まったくいたんでいないのにこの安さ。新品なら数万円だっただろう。こういう掘り出し物を見つける喜びも古着ならではなのだ。

そしてある日、そのアルマーニを着て、腕には中野ブロードウェイの中古時計屋で買った高級腕時計をはめて、私は某旧財閥系一流企業でのプレゼンテーションの場に向かった。

図表2-6　3世代別・女性が仕事着を買う場所(就業者)

	人数	衣料品チェーン（ユニクロ等）	ショッピングセンター、モール	ネットショッピング	ファッションビルやセレクトショップ	総合スーパー	百貨店
平成世代	1,579	43%	12%	7%	10%	4%	4%
氷河期世代	2,491	32%	15%	13%	9%	6%	6%
バブル世代	1,870	31%	10%	10%	6%	11%	8%

資料：MRI-mif2019

そしてこれは1000円で買った古着だと言って、現代の消費動向を語ったのだ。

嫌味かなあ。でも、そういう時代だよということを身をもって示したかったのですね。

年収600万円以上でも仕事着はユニクロでOK

また仕事着をユニクロなどの衣料品チェーンで買う人は、平成女性では43%だが、氷河期やバブルの女性では31〜32%である（図表2－6）。

ショッピングセンターやモールで買う平成女性も多いが、氷河期女性のほうが少し多い。ネットショッピングも氷河期女性のほうが多い。平成女性がユニクロなどのチェーン店に非常に集中していることがわかる。

仕事着をユニクロで済ます女性はお金がないわけで

図表2-7　3世代女性・年収別　仕事用の服をユニクロなどのチェーン店で買う割合（就業者）

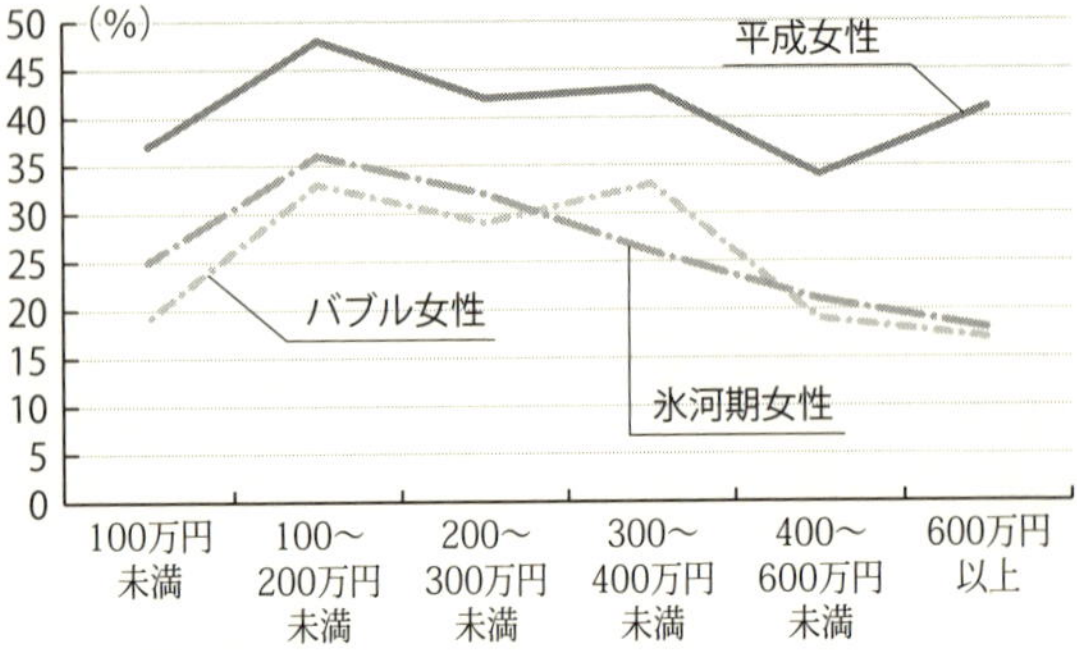

資料：MRI-mif2019

はない。

女性の年収別に、仕事用の服を買う場合のチェーン店利用度を見ると、平成女性では年収にかかわらず40％前後がユニクロなどのチェーン店を利用している（**図表2－7**）。600万円以上でも42％が利用しているのである。

だが氷河期女性やバブル女性では、100～200万円未満の女性はチェーン店利用が33～36％だが、600万円以上では18～19％だけである。

もちろんこれは世代ではなく年齢の影響もある。40～50代なのに仕事でユニクロはないよな、という気持ちが働くだろうからだ。

だが、平成世代は今後年をとっても、ユニクロなどでスーツを買い続ける可能性が高い。

そもそも仕事にスーツを着る時代ではなくなるし、コロナの影響もあって在宅勤務が普及するとますますスーツは着なくなる。そうなれば一段とスーツにお金はかけなくなり、ユニクロなどのカジュアルウェアを着て働く人が増えるだろう。

このように平成世代の中古志向、シンプル志向は明らかだが、コロナの影響で、衛生面でのリスク意識から中古品を避ける傾向が表れないとは限らない。この点は今後注視したい。

女性が女性らしい商品を選ぶ時代ではない

女性が黒いビジネススーツを着て働くことが当たり前になった時代。スーツに限らず、女性が女性らしいモノを買うのではなく、男性的なモノを買うことが増えてきた。

日本経済新聞（２０１９年10月3日付）によれば伊勢丹新宿本店メンズ館で購入する女性が増えているという。「19年3月に全面改装オープン直後、カード顧客の売上高は前年比トントンだが、女性に限って言えば2％程度伸び」た。

メンズ館のオープンは03年だが、当初からレジ客に占める女性の比率が70%あった。ただし以前はプレゼントなど代理購買だったたが、最近は女性が自分のために購入しているというのである。「今はTシャツやカットソーなど少し大きめの服を着るのがトレンドで、女性が男性向けの小さいサイズを買うケースが増えている」という。

昨年、私はおじさんたちの集まりの二次会でガールズバーに行ったが、そこでいちばん可愛い細身の女子大生が、まさにメンズのTシャツを買うと言っていた。レディースのシャツは襟ぐりが開いていて、それが女性らしさを醸し出すのだが、彼女はそれが嫌で、メンズの丸首のTシャツが良いというのである。そんな意識の女子大生がガールズバーでバイトをするのもなんだか矛盾しているが、そういう時代なのである（彼女たちもコロナで仕事を失っただろう）。

女性の腕時計を見ても、昔はフェイスが小さなものが主流だったが、今は大きなものをしている人が多い。仕事をする上で時間をすぐに知るには大きいほうがいいのだろう。デザインも高度経済成長期の男性ビジネスマンのような銀色の金属のバンドのものをしている女性が増えているように思える。

図表2-8　現在「衣類は男性用か女性用かは気にせず購入する」　20代女性

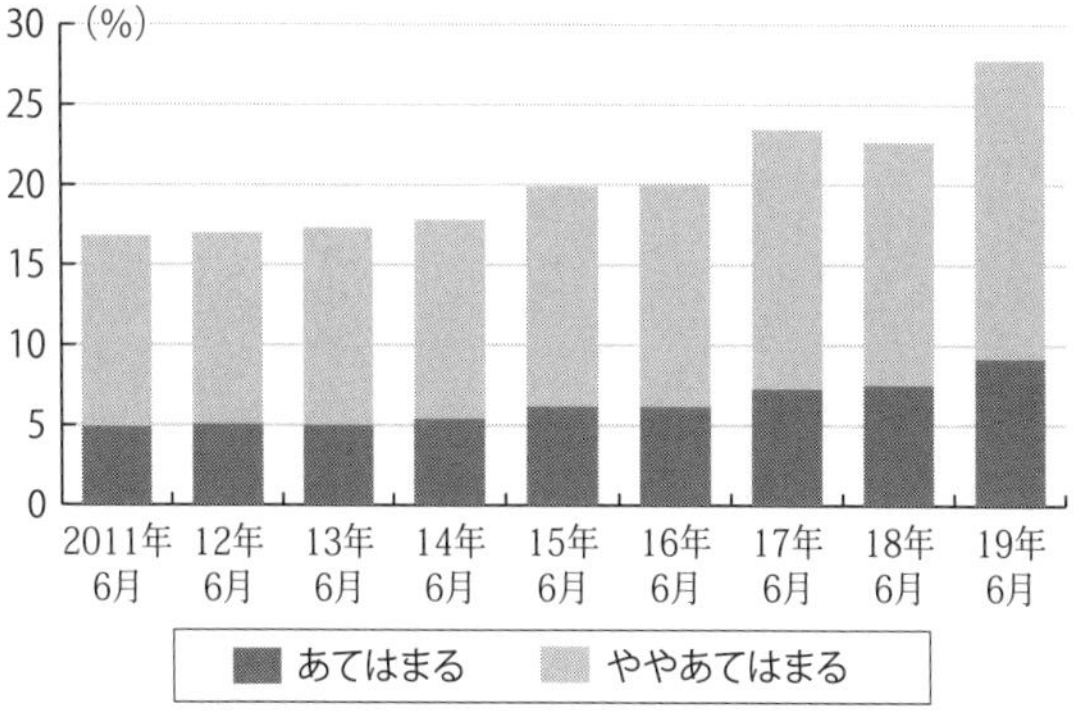

資料：MRI-mif2019

図表2-9　現在「女らしくふるまう」　20代女性

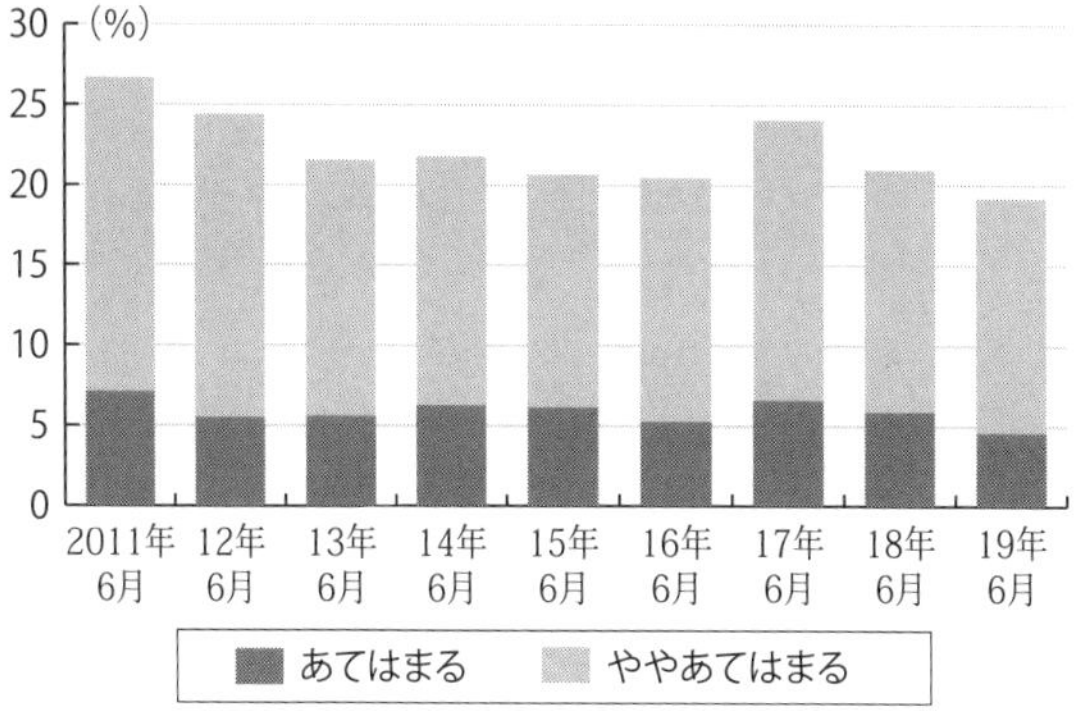

資料：MRI-mif2019

m・i fでも「衣類は男性用か女性用かは気にせず購入する」女性は平成女子では27％であり、バブル女性の18％よりかなり多い。

面白いのは男性でも、平成男性は14％が気にしない。バブル男性の5％よりかなり多いのである。平成世代はユニセックス化がますます進んだ世代だと言えよう。

2011年から19年の20代女性の変化で見ても、11年は「あてはまる」「ややあてはまる」が合計で17％だったのが19年は28％に増加している（図表2－8）。

また、現在「女らしくふるまう」についても「あてはまる」「ややあてはまる」という20代女性は11年は27％だったが、19年は19％に減っている（図表2－9）。女性が女性らしくふるまい、女性らしい商品を選ぶという時代は次第に終わりつつあるのだ。

モノが売れないと嘆いている企業は、このジェンダー意識の変化に対応できていない面もありそうだ。

3　マイカー、マイホーム

平成世代でも、自分の車がない人は自分の車が欲しい

平成世代のモノ消費の動向について、典型的なモノ消費であるマイカーの購入意向を見てみる。

「1年以内に購入する予定がある」「1年以内に購入する予定はないが、いずれ購入したい」人は、男性では平成世代で34％だが氷河期世代では42％、バブル世代では46％と、たしかに平成世代で少ない（免許保有者が分母。以下同）。ただし女性は平成世代でやや多い傾向があるが、あまり大きな差はない。

だが現在「車を持っていない」人に限ると、平成男性は30％が購入予定だが、バブル男性は19％である（**図表2－10**）。平成女性は20％だがバブル女性は7％だけである。このよ

図表2-10　3世代別男性
車を持っていない人のマイカー購入意向

	人数	1年以内に購入する予定がある	1年以内に購入する予定はないが、いずれ購入したい	購入せずに、家族と共用の車を利用する	購入せずに、カーシェアリングを利用する	上記のいずれも考えていない	わからない
平成男性	633	4%	26%	1%	10%	37%	22%
氷河期男性	771	2%	16%	1%	10%	54%	18%
バブル男性	561	2%	17%	0%	9%	50%	21%

資料：MRI-mif2019

うに今自分の車を持たない人については、若い世代のほうが購入意向が強い。

逆に「すでに自分の車を持っている」「家族と共用の車のみ持っている」「自分の車・家族と共用の車をそれぞれ持っている」人に限ると、平成男性は購入予定が45%。氷河期男性は58%、バブル男性は60%であり、年上の世代のほうが購入意向が強い。女性はどの世代も33%くらいである。

つまり現在の若者でも、車を持っていない若者はやはり車を欲しがっていると推察できる。車を買いたがらないように見えるのは、すでに家に車が複数台あって、自分専用の車がなくても家族で車をシェアできるからである。

図表2-11　3世代男性・年収別新車購入意向

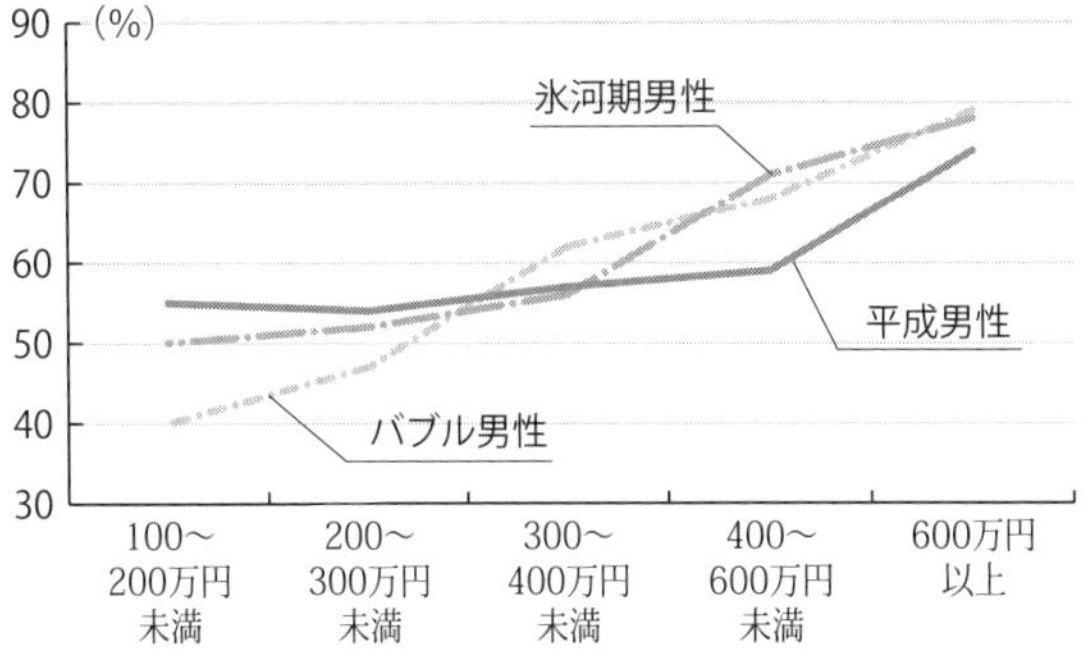

資料：MRI-mif2019

年収600万円ないと新車を買わない

また年収別に男性の新車の購入意向を見ると、バブル世代では年収と新車購入意向が強く比例するが、氷河期世代では比例しつつも比例の度合いが弱まり、さらに平成世代ではあまり比例関係がなくなり、600万円以上の男性だけが新車をバブル世代の男性並みに欲しがっていることがわかる（図表2－11）。

そういう意味で年収600万円以上あれば、バブルも氷河期も平成も同じように新車を欲しがるのだが、平成男性は600万円ない場合は中古車でいいやという人が増えるのである。

他方、カーシェアリングについては「過去1年間に利用した」「1年以上前に利用したことがある」

を合計すると、男女計で平成世代では8%だが、バブル世代では2%しかない。

持ち家はますますリスクになる

もう一つのモノ消費の典型は住宅である。平成世代の現在の住宅所有形態（世帯主か世帯主の配偶者のみ）を見ると持ち家率は全体でまだ18%だが、「中の上以上」の階層では25%、「中の中」では21%であり、「中の下」以下と差が大きい（図表2－12）。

住み替え後の希望の所有形態は「中の上以上」や「中の中」の階層では「持ち家」が50～57%あるが、「中の下」では39%、「下」では32%と、やはり「中の中」以上か未満かで差が開く。

また今後「古い建物を改修して新しくよみがえらせた住宅（リノベーション住宅）に住む」については、26%前後が関心を持っており、階層差がほとんどない。

面白いのはバブル世代ではリノベーションをしたいのは「中の下」で最も多く、「中の上以上」では最も少ない点である。バブル世代はお金がない人が中古を買ってリノベーションをするケースが多いが、平成世代はお金の問題ではなく自分の趣味の問題としてリノ

図表2-12　平成世代の住宅所有・住み替え意向など（男女計）（世帯主と世帯主の配偶者のみ）

現在の所有形態	人数	持ち家	賃貸・社宅
平成世代	3,057	18%	80%
中の上以上	460	25%	73%
中の中	1,271	21%	78%
中の下	845	12%	85%
下	481	13%	82%
住み替え後の所有形態		**持ち家**	**賃貸**
平成世代	1,856	46%	31%
中の上以上	305	57%	25%
中の中	762	50%	27%
中の下	529	39%	35%
下	260	32%	41%
リノベーション		**そうしたい**	**ややそうしたい**
平成世代	3,057	9%	17%
中の上以上	460	9%	17%
中の中	1,271	8%	17%
中の下	845	10%	17%
下	481	8%	17%
バブル世代	6,097	10%	19%
中の上以上	1,041	8%	15%
中の中	2,273	9%	20%
中の下	1,769	11%	21%
下	1,014	10%	17%

資料：MRI-mif2019

ベーションをしたい人がいるということである。

このように戦後最大のモノ消費である自動車と住宅について、平成世代は新品購入意欲が弱く、中古でもへっちゃらという価値観であると言えそうである。

これはまさに「第四の消費」的な価値観なのであるが、今回のコロナ危機を経て、住宅を購入することはますますリスクであると思われていく可能性が高い。まして人口当たり感染者数の多い東京都中央区、港区などに高いお金を出してタワーマンションを買うのはリスクが大きいと思われるようになるだろう。

買うなら親の家かその近くの中古住宅を借りて（あるいは安く買って）リノベするほうを選ぶ人が増えるであろうし、危機が訪れたときはすぐに移住をするという選択をしやすくするように住まいを選ぶ人が増えるだろう。

3・11大震災、原発事故、各種の天災、そしてコロナを、たった9年間で経験してきた平成世代にとって、それは当然の選択である。

第３章

余暇、美容・健康、情報の格差

〜平成世代の階層と消費

コト消費の主役は上流である

本章では、格差があるとすれば、それはモノ消費ではなくコト消費に表れるのではないかという序章で述べた仮説を平成世代を対象にm・ifによって検証する。

その前に総務省家計調査の単身世帯の数字を見ておく。2019年の単身世帯の消費支出を年収別に見て、年収が最高の階層が単身者全体の平均よりも何倍支出が多いかを見ると、ネクタイは4倍で最も格差が大きく、男子用セーターは3・9倍、楽器は3・1倍などが上位に挙がる。

だがサービスへの支出も多く、外国パック旅行費3倍、ゴルフプレー料金、つきあい費2・8倍、給与住宅家賃、航空運賃、他の月謝額2・7倍、飲酒代2・5倍、語学月謝、マッサージ料金等（診療外）2・4倍、パック旅行費、宿泊料、スポーツ観覧料2・3倍、外食2倍、入場・観覧・ゲーム代、教養娯楽サービス1・9倍、スポーツクラブ使用料、医療保険料1・8倍などとなっている。

年収が最も低い階層が全体よりも多い品目は生鮮品・調味料など基礎的な食料やガス代

であり、耐久財は平均の21％のみ、サービス消費は平均の45％と少ない。よってエンゲル係数は30・8％になる（最高階層は22・1％）。

また、年収最低階層の支出に占めるサービス支出の比率は39％だが、最高階層では57％であり、支出金額は最低階層の4・2倍である。

このようなことからも年収が多い人ほどモノ消費からサービス消費、コト消費へとウェートを移すということが言える。

クルーズ船に乗る人と感染リスクの高い介護施設で働く人

モノ消費からコト消費への変化ということはすでに1980年代半ばから言われたことであるが、80年代後半にバブル経済時代が来て、高級品が飛ぶように売れるなどモノ消費が活発であったために、コト消費という新しいテーマがあまり追究されなくなってしまった。

それから30年も経って、最近になってからようやくモノ消費からコト消費へと再び言われ始めたのである。その背景には、中国人の訪日観光客の関心が、最初はモノの爆買いであったのに、次第に観光、それも京都のような有名観光地ではなく、地方の温泉を訪ねるとか、地方の芸術祭に行くなど、コト消費にシフトしていったことがある。

モノづくり大国日本にはモノ消費は理解できるが、コト消費が本当は理解できていないのかもしれない。後から成長してきた中国人にコト消費へのシフトを教えられたのである。

それはともかく、日本でも今はモノは売れない、サービスである、コト消費の時代であるということがようやく定着した。だがそれは消費者全般の傾向というよりは比較的年収の高い階層の消費者の傾向のようである。

考えてみればそれは当然で、年収が低い階層は、毎日の必需品の支出が大半を占め、食事も外食は控えて自炊をする。肩がこれば貼り薬を貼るのであって、マッサージ屋には行かない。洗濯はクリーニングには出さずに自分でする。スポーツは毎朝町内のラジオ体操に行くのであり、スポーツクラブには行かない。旅行も年に1回近場に行くくらいであり、海外旅行になんかは行かないはずである。富裕層ならダイヤモンド・プリンセス号に乗って優雅なクルーズができるが、そんなことは一般庶民にはできっこないのである。

ことほど左様に、**コト消費、サービス消費は年収が高い人ほどする**のである。モノ消費からサービス消費へと言われ始めたのも80年代であり、それは消費者全体が豊かになり、外食が増え、旅行が増えるなどの動きがあったからである。だが、バブル崩壊後は消費者の中にも格差が拡大し、サービス消費ができる人とできない人に分かれていったのではないだろうか。まさにクルーズ船に乗る人と介護施設で感染する職員の格差である。

そしてその傾向は年収格差の大きいシニア層だけでなく、若い世代にも表れているようなのである。若いうちは年収格差は小さいはずであるが、80年代などとくらべれば正規雇用者と非正規雇用者の格差があるし、大学の奨学金を返しながら働く人も増えているだろう。そういう意味では若いうちから実質的な年収格差が開き、コト消費ができる人とできない人に分かれているということは推測できる。

そこで以下ではｍｉｆを使って、余暇、旅行、美容・健康などの分野でサービスを中心とした消費行動の格差を見ていく。

中の下	下	「中の上以上」と「中の下」の差（ポイント）
1,418	980	
22%	15%	10
20%	12%	7
9%	6%	6
6%	3%	6
25%	16%	5
2%	2%	5
5%	3%	5
4%	3%	4
3%	3%	4
3%	1%	4
4%	2%	4
4%	2%	4
19%	13%	4
2%	2%	4
9%	6%	4
5%	4%	4
19%	12%	4
3%	2%	4
26%	21%	-3
11%	10%	-3
19%	16%	-4
12%	11%	-4
17%	14%	-5
32%	30%	-6
35%	27%	-7
27%	20%	-8

1　余暇格差

観光型の余暇は中流と下流の間の差が大きい

まずコト消費の中心である余暇行動について平成世代の階層意識別の参加率を見てみよう（**図表3－1**）。「中の上以上」で参加率が高く、かつ「中の下」との差も大きいのは、

図表3-1　平成世代・階層意識別余暇行動参加率（男女計）

（「中の上以上」と「中の下」の差が4ポイント以上かマイナス3ポイント以下）

	合計	中の上以上	中の中
人数	5,385	862	2,125
温泉	25%	32%	29%
観光、名所めぐり	22%	27%	25%
バーベキュー	11%	15%	13%
リゾート地	7%	12%	9%
食べ歩き	25%	30%	28%
スキー	4%	7%	4%
スノーボード	6%	10%	7%
キャンプ、オートキャンプ	5%	8%	5%
水泳（プール）	4%	7%	4%
ゴルフ	4%	7%	4%
野球、ソフトボール	5%	9%	5%
サッカー、フットサル	5%	8%	5%
遊園地やテーマパークなどのレジャー施設	20%	23%	24%
テニス	4%	6%	4%
ジョギング	10%	13%	10%
海水浴	6%	9%	7%
ドライブ	19%	22%	22%
バドミントン	3%	6%	3%
カラオケ	23%	24%	22%
ゲームセンター	10%	8%	10%
Nintendo Switch、PS4、Xbox 360等の、据置型家庭用ゲーム機でのゲーム	18%	16%	18%
パソコンでのゲーム・オンラインゲーム	10%	8%	9%
ニンテンドー3DSやPSP等の、携帯型家庭用ゲーム機でのゲーム	14%	12%	12%
スマートフォンや携帯端末でのゲーム	30%	26%	30%
マンガを読む	31%	28%	31%
録画やDVDレンタルでの映画鑑賞	24%	19%	25%

注：「中の上以上」と「中の下」の差（ポイント）は、小数点以下を四捨五入しているため、表内の計算と合わない部分がある

資料：MRI-mif2019

「温泉」「観光・名所めぐり」「バーベキュー」「リゾート地」「食べ歩き」など、広い意味での観光・行楽的なものである。交通費、宿泊費などが必ずかかるから年収が高いほうが参加しやすいのだろう。これらの余暇については階層意識と参加率がかなり比例している。

また「温泉」は「中の上以上」(上流)と「中の中」(中流)の間の差は3ポイントだけだが、「中の中」と「中の下」(下流)の間の差は7ポイントあり、中流と下流の間に開きがあるように思える。

また、「遊園地やテーマパークなどのレジャー施設」は上流と中流の差がないが、中流より下流は5ポイント少ない。やはり中流と下流の間に格差がある余暇だと言える。

上流は体育会系? 読書は階層差がなく、ゲーム・マンガは下流型

それから、「スキー」「スノーボード」「水泳(プール)」「ゴルフ」「野球・ソフトボール」などのスポーツへの参加率も階層意識が上昇するほど高い。これらについては上流と中流の差が大きめであり、中流と下流の差はあまり大きくない。

スポーツをするというのは平成世代にとって上流の余暇であるらしい。道具や遠征やら

にお金がかかるからだろう。「キャンプ・オートキャンプ」も同じ傾向がある。学生時代に体育会系であるほうが就職も有利であることが多いが、その影響もあるだろう。

表にないが、読書は階層差があまりない。「中の上以上」は24％だが、「下」でも18％であり、観光的な余暇における格差とくらべればないに等しい。もちろん、どういう本を何冊読んでいるかを調べないと格差があるかどうかはわからないので、それは今後の研究の課題である。

対して「中の下」で参加率が最も高い余暇は、「ゲームセンター」などでのゲーム、「パソコンでのゲーム・オンラインゲーム」「マンガを読む」「スマートフォンや携帯端末でのゲーム」「録画やDVDレンタルでの映画鑑賞」である。要するにゲーム、マンガ、映画である。これらは定額支払いや無料などで、かつ自宅や近場で楽しめるという共通性がある。年収が低い人にはもってこいの余暇である。

逆に言えば、こうした余暇に耽溺しているから、年収の高い仕事に就けなかったという面もないとは言えないと思う。

2　旅行格差

海外旅行は上流では年1回以上が31％だが下流は8％

余暇の中でも旅行について階層意識別に見てみる。男女計で「海外旅行に年1回以上行く」のは「中の上以上」では31％いるが、「中の中」では15％に半減し、「中の下」以下では1割を切る（図表3－2）。逆に「行かない」人は「中の下」や「下」では68％にのぼり、「中の中」ですら55％が行かないのである。

このように海外旅行は明らかに上流とそれ以外、特に「中の下」以下との間に大きな差がある余暇だと言える。

「国内宿泊旅行」でも、「中の上以上」は「年4回以上」が17％、「年2～3回」と合計すると50％になる。「中の中」では「年4回以上」が11％、「年2～3回」が27％で、合計38

図表3-2　平成世代・階層意識別旅行頻度

	人数	行かない	数年に1回	年1回以上
全体	5,385			
海外旅行				
中の上以上	862	39%	25%	31%
中の中	2,125	55%	23%	15%
中の下	1,418	68%	16%	9%
下	980	68%	11%	8%
国内宿泊旅行	人数	行かない	数年に1回	年1回以上
中の上以上	862	8%	13%	76%
中の中	2,125	14%	16%	66%
中の下	1,418	21%	20%	56%
下	980	29%	18%	41%
国内日帰り旅行	人数	行かない	数年に1回	年1回以上
中の上以上	862	15%	11%	72%
中の中	2,125	18%	12%	64%
中の下	1,418	23%	16%	57%
下	980	30%	14%	43%

資料：MRI-mif2019

%である。

だが、「中の下」では「行かない」が21%、「数年に1回」が20%であり、合計で41%。「下」では「行かない」と「数年に1回」の合計が47%になる。「中の上以上」では「年2回以上」が5割、「下」では「数年に1回」以下が5割弱という明快な差である。

「国内日帰り旅行」は、「中の上以上」では「年2回以上」が52%、「中の中」では47%であり、あまり差がない。「中の下」でも39%が日帰り旅行をしている。

ただし「下」では28％であり、逆に「行かない」が30％と多い。

旅行格差が人生格差を生む

先日書店に行くと『ひとりっぷ』という本があった。売れているらしく、シリーズで3冊出ている。あきらかに旅行情報本シリーズの「ことりっぷ」をまねたタイトルだが、面白いのは『ひとりっぷ』とはまさに一人で世界中に旅に出ている海外大好き女子の体験記なのだ。ほぼ毎週のように、3連休があれば必ず海外に行っているのである。

この女性の年収が高いかどうかは知らないが、ある程度安定した年収がなければ、いくら貧乏旅行をしたとしても経済的に続かないであろう。

こういう海外好きの若者に今人気なのがウズベキスタンらしい。私のまわりの30代でこの1年ほどの間にウズベキスタンに行っている人が3例もある。書店にもウズベキスタン旅行ガイドが2冊も売っていた。ウズベキスタンが世界から観光客を集める政策を打っているかららしいが、それにしても急激な変化である。

世界の秘境めぐりもすっかり定着しており、マチュピチュに行く人はまったく珍しくなくなった。若者ではないが毎年、年に2回以上海外旅行に行く人は私のまわりにも数例ある。先進国にはほとんど行かない。旧東欧、中南米、アジアがほとんどである。毎年、年に2回以上行くのであるから、行き先がどんどん多様化するのは当然である。

統計によると、若者の出国率（人口に占める出国者数）はこの数年横ばいである。だが、おそらく年に数回いろいろな国々に行く人が増えている半面、ほとんど、あるいはまったく海外に行かない人もしっかり存在している、という傾向があるのではないか。

海外旅行の経験は、仕事にも影響する。幅広い体験は刺激になるし、新しいアイデア、ビジネスを生み出すきっかけになる。旅行先での交友関係が役立つこともある。もちろん外国語も得意になる。結果として上流はますます仕事で成功して年収を上げ、下流は成功のチャンスをつかめず、下流にとどまる、ということもありうるだろう。

もちろん近場の散歩でも、特に東京などの大都市圏に住んでいるなら、富裕層の住む高級住宅地も貧乏な人が多い地域もいろいろ歩き回れば、お金をかけなくても見聞を広げることはできる。家にばかりこもらずに出歩いたほうがよい（だからこそコロナ蔓延はよくない）。

3　美容と健康の格差

上流男性は美男を目指す

次にサービス消費、コト消費の中から美容と健康に関わるものを抜き出して見てみよう。結論から言うと、上流のほうが美容・健康のコト消費に熱心な人が多いが、その傾向はしばしば男性のほうが女性よりも顕著なのである。

たとえば「エステで脱毛をする」に「あてはまる」「ややあてはまる」人は男性全体の10％に対して「中の上以上」では15％いる（図表3－3）。

女性では「中の上以上」で「あてはまる」だけでも19％おり、女性全体の13％より多いが、男性のほうが女性よりも「中の上以上」の特徴がはっきりしているようである。

「美白、潤い、ハリなどの機能や効能を重視して商品を選ぶ」についても、女性では「中

図表3-3　平成世代男女別の美容・健康行動

■ エステで脱毛をする

	男性人数	あてはまる	ややあてはまる	女性人数	あてはまる	ややあてはまる
全体	2,738	3%	7%	2,647	13%	11%
中の上以上	486	5%	10%	376	19%	13%
中の中	1,022	3%	8%	1,103	12%	12%
中の下	715	2%	6%	703	12%	9%
下	515	2%	5%	465	9%	9%

■ 美白、潤い、ハリなどの機能や効能を重視して商品を選ぶ

	男性人数	あてはまる	ややあてはまる	女性人数	あてはまる	ややあてはまる
全体	2,738	3%	11%	2,647	11%	29%
中の上以上	486	4%	14%	376	15%	35%
中の中	1,022	3%	11%	1,103	10%	30%
中の下	715	2%	9%	703	9%	31%
下	515	2%	8%	465	11%	18%

■ 天然素材のオーガニック化粧品、自然派化粧品を利用する

	男性人数	あてはまる	ややあてはまる	女性人数	あてはまる	ややあてはまる
全体	2,738	2%	9%	2,647	4%	10%
中の上以上	486	5%	12%	376	6%	13%
中の中	1,022	3%	9%	1,103	4%	10%
中の下	715	2%	8%	703	4%	11%
下	515	2%	6%	465	5%	8%

資料：MRI-mif2019

の上以上」で「あてはまる」「ややあてはまる」が50％、「中の中」で40％、「中の下」でも40％となっており、それほど階層意識と相関はない。

だが男性は「中の上以上」で「あてはまる」「ややあてはまる」が18％、「中の中」で14％、「中の下」で11％と、階層意識と相関がある。

「天然素材のオーガニック化粧品、自然派化粧品を利用する」についても、女性は「中の上以上」から「中の下」まであまり差がないが、男性は「中の上以上」で「あてはまる」「ややあてはまる」が17％、「中の中」で12％、「中の下」で10％、「下」で8％と、階層意識と相関がある。

最近の若い世代は男性でも美容に関心が高まっているが、それはまずは上流の男性が中心であると言える。とはいえ上流男性だけが突出しているとは言い切れないところもあり、世代全体の特徴だとも言える。

こうした傾向は、男性の女性化などといわれる極めて長期的なトレンドの上にある現象だとも言える。しかし、**新自由主義的価値観**、つまり仕事のできる（収入の高い）人間は自己管理ができる人間であり、容姿や健康にも気を配る、肥満はありえない、といった思想と結びついているとも考えられる。

健康格差

階層意識と相関が高く、かつ余暇とも関わるものとして健康がある。

3世代男女別・階層意識別に健康度（「同年代の人と比べた健康状態」）を集計すると、興味深いことに平成世代は「とても健康である」が他の2世代よりもかなり多いが、「下」で「まったく健康ではない」割合には世代差はない（**図表3－4**）。

つまり、平成世代は健康格差の大きな世代であると言える。これが世代の問題か年齢の問題かはわからないところがあるが、常識的に考えると、若いときは「とても健康である」割合は高いが、「まったく健康ではない」割合は低いはずではないか。

そして年齢の上昇とともに、疲労がたまり、「とても健康である」が減り、「まったく健康ではない」が増えるはずではないか。

もしかすると平成世代は若いうちから健康格差が大きく、今後年齢の上昇とともに格差が広がる世代なのかもしれないと、仮説として考えることも可能である。

健康状態が悪くなることで仕事を辞めたり、正社員から非正規になったりすることはあるので、健康格差が階層格差につながっていることがわかる。

氷河期女性は、「中の上以上」は65％が「とても健康である」「健康である」だが、「中の中」では55％、「中の下」では40％、「下」では30％である。男性ほど「中の上以上」が突出していないが、「中の中」の階層で女性が男性よりも健康であるところが興味深い。

働き盛りの世代で男性は健康を害しがちだが、妻である女性は比較的健康ということであろう。

健康ではない	まったく健康ではない
12%	4%
8%	3%
9%	2%
15%	4%
16%	11%
13%	4%
8%	2%
9%	2%
18%	3%
16%	11%
16%	5%
8%	1%
12%	2%
20%	4%
22%	13%
13%	3%
10%	2%
10%	1%
14%	3%
22%	7%
13%	4%
7%	2%
9%	3%
17%	5%
18%	9%
14%	3%
9%	1%
11%	2%
17%	5%
22%	7%

図表3-4　3世代男女別・階層意識別・同年代の人と比べた健康状態

	人数	とても健康である	健康である	どちらともいえない
平成男性	2,738	15%	37%	33%
中の上以上	486	24%	43%	22%
中の中	1,022	15%	43%	32%
中の下	715	12%	36%	34%
下	515	10%	22%	42%
氷河期男性	4,236	8%	34%	41%
中の上以上	540	15%	49%	26%
中の中	1,564	9%	38%	41%
中の下	1,256	5%	31%	42%
下	876	6%	20%	47%
バブル男性	3,502	4%	36%	40%
中の上以上	577	7%	53%	31%
中の中	1,207	4%	41%	41%
中の下	1,074	3%	31%	42%
下	644	3%	21%	42%
平成女性	2,647	11%	42%	32%
中の上以上	376	17%	51%	21%
中の中	1,103	11%	48%	30%
中の下	703	8%	39%	36%
下	465	9%	24%	37%
氷河期女性	4,089	6%	42%	36%
中の上以上	516	10%	55%	25%
中の中	1,716	7%	48%	34%
中の下	1,168	4%	36%	39%
下	689	4%	26%	42%
バブル女性	3,396	4%	39%	39%
中の上以上	520	9%	52%	30%
中の中	1,330	4%	45%	38%
中の下	982	3%	33%	43%
下	564	2%	25%	43%

資料：MRI-mif2019

図表3-5　3世代・階層意識別・
現在「週に1〜2回以上、運動する」

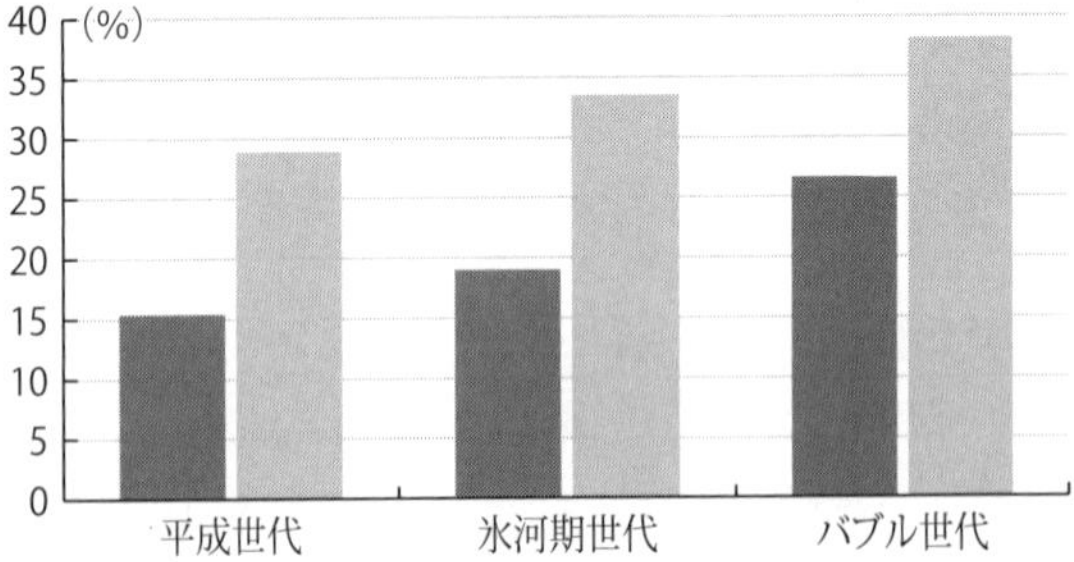

資料：MRI-mif2019

運動習慣格差

各種の健康に関わる行動については、基本的には年をとるほど割合が高まるし、階層意識が上であるほど健康のための活動に熱心であるが、年齢の上昇により健康活動が増える傾向ももちろんあるので、階層差だけでは説明しづらい。

ただし現在「週に1〜2回以上、運動する」については年齢と階層意識による格差の拡大が見られる。

「中の上以上」の階層では、平成、氷河期、バブルと年齢が上がるにつれて、「週に1〜2回以上、運動する」にあてはまる人が増加するのだが、「下」の階層では、年齢が上がるにつれ

「あてはまらない」が増加するのだ（図表3－5）。

つまり年をとるほど、上流は運動をする人が増え、下流は運動をしない人が増えるのである。これはまずい傾向である。

上流は男性もスタイルの良さを目指す

また現在「スタイルを維持するため、筋力トレーニングやヨガ等を行う」人は、3世代を比較すると、若い世代ほどあてはまる人が多い（図表3－6）。

男女差はあまりなく、「中の上以上」であてはまる人が多く、「中の下」以下ではあまり階層差がない。上流の男女が筋トレやヨガに熱心なのである。

『下流社会』を書いたころから気がついたことだが、大手企業の若手社員が男女ともにおおむねやせ形でスタイルが良くなった。スタイルで採用しているのかというくらいであった。このころちょうどアメリカ流の考え方が輸入されてきて、メタボリックシンドロームも話題になり、太った人間は自己管理ができないから、会社でも有能ではありえないと言われるようになったのである。おそらくそのことと若手社員のスタイルには関係がある。

図表3-6　3世代男女計・筋トレやヨガをするか

	人数	あてはまる	ややあてはまる	どちらともいえない	あまりあてはまらない	あてはまらない
平成世代	5,385	6%	13%	27%	18%	36%
中の上以上	862	9%	20%	25%	16%	30%
中の中	2,125	7%	13%	28%	19%	34%
中の下	1,418	5%	12%	22%	19%	42%
下	980	4%	10%	32%	15%	40%
氷河期世代	8,325	6%	11%	25%	16%	42%
中の上以上	1,056	10%	16%	22%	16%	36%
中の中	3,280	7%	12%	25%	17%	39%
中の下	2,424	4%	10%	24%	15%	47%
下	1,565	4%	8%	30%	13%	46%
バブル世代	6,898	6%	10%	21%	15%	49%
中の上以上	1,097	10%	13%	22%	13%	42%
中の中	2,537	6%	12%	20%	16%	46%
中の下	2,056	5%	9%	18%	15%	53%
下	1,208	4%	6%	26%	13%	51%

資料：MRI-mif2019

そして若い世代ほどスタイルを維持するために筋トレやヨガをすることに熱心になったのだ。

このように美容や健康について平成世代の傾向を見ていると、男性でもスタイルや容姿に意識的である。それは単に美しく健康でありたいだけでなく、階層の高さを示す手段なのである。

女性が結婚相手の男性に求めるものとして階層意識が上の女性ほど男性に外見を求め

る傾向が強かったが（97ページ）、若い男性としてはその期待に応えようとしているのかもしれない。

4　情報メディアにおける平成世代上流の「下流化」

平成世代は上流ほどバラエティーをよく見る

テレビのバラエティー番組視聴頻度を3世代で比較すると、若くなるほどバラエティーを見る人が男女ともに増える（**図表3－7**）。

また3世代別・階層意識別では、バブル世代ではバラエティーを「よく見る」女性は「中の下」以下で多く、「中の上以上」では少ない。つまり階層意識の高い女性はどちらかと言えばバラエティーを見ない。だが、平成世代になると「中の中」が最も多く、「下」では少なくなる。

男性もやや似た傾向があり、バブル世代の男性は階層差がほとんどないが、平成世代の男性では「中の上以上」のほうがバラエティーをよく見る人が多い。

図表3-7　3世代・テレビのバラエティー番組を「よく見る」割合

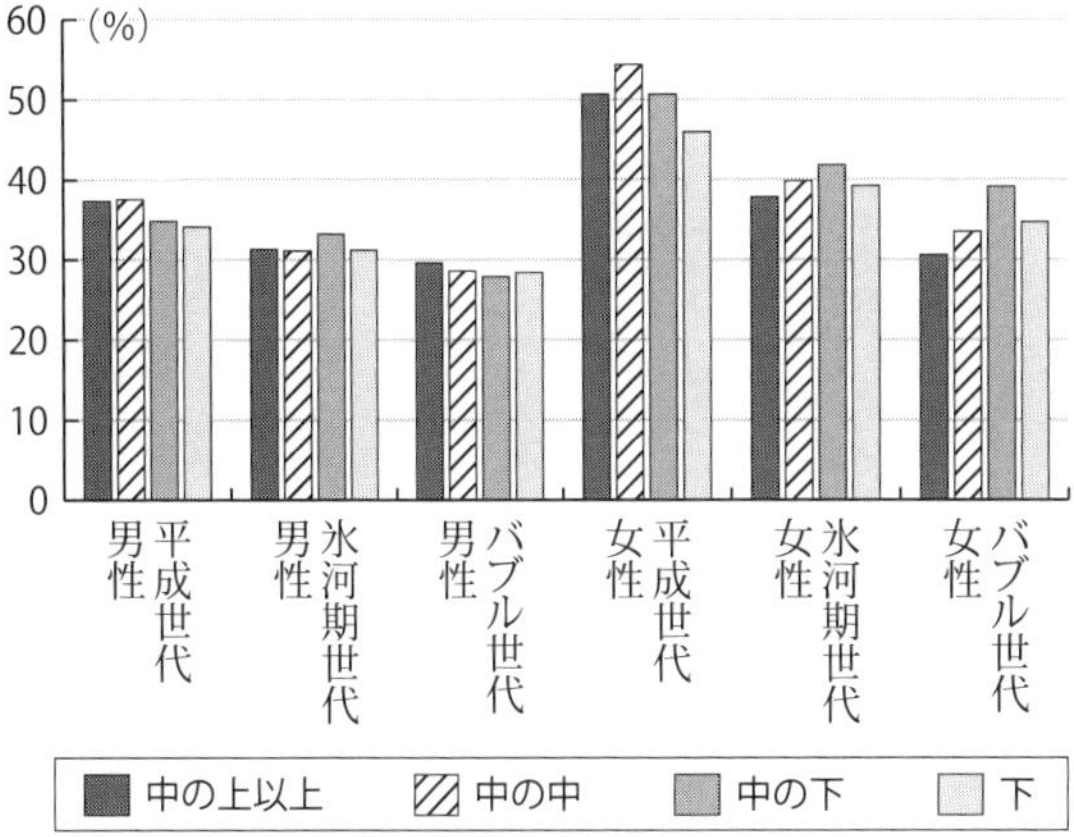

資料：MRI-mif2019

　これらは若い世代ほど文化的な下流化が進んだとも解釈できる傾向である。経済的に上流であっても、文化的にはテレビのバラエティー番組を見てしまうのである。上流で読書が多いわけではないこととも通じる（152ページ）。

　念のために年収別でも見ておくと、平成男性では年収の低い人は高い人よりバラエティー番組を見ない傾向がある。年収が高いほうが知的好奇心が強くてバラエティー番組を見ないかと思ったが反対なのである。

　ただし年収が低い男性が、テレビそのものを持っていないとか、NHK放送受

図表3-8　平成世代男性階層意識別
スポーツ番組の視聴頻度

	人数	よく見る	ときどき見る	見ない
平成男性	2,297	29%	43%	28%
中の上以上	426	35%	42%	23%
中の中	869	30%	46%	24%
中の下	600	27%	43%	30%
下	402	24%	39%	36%

資料：MRI-mif2019

信料を払いたくないのでテレビを見ないとか、ゲームで時間を使う人が多いといったことがあることが考えられる。

女性は年収400万円以上でバラエティー番組をよく見る人がやや少ない傾向がある。


上流ほどスポーツ番組を見ることと新自由主義的価値観の広がり

他方、スポーツ番組視聴頻度にははっきり階層差があり、男性はどの世代でも階層意識が上がるほど頻度が上がる。

平成世代男性では、「中の上以上」では「よく見る」が35%、「見ない」が23%だが、「下」では「よく見る」が24%、「見ない」が36%で、ちょうど反対になる（**図表3－8**）。

スポーツは、努力すれば報われることが多いものであり、結果がわかりやすく金銭に結びつきやすい。そのことが現代の**新自由主義的価値観**とも結びついていると思われる。仕事で努力すれば「中の上以上」になれるし、努力しなければ、あるいは努力の仕方が下手であれば「下」になる、という考え方はスポーツと親和性が高いのだ。(注)

しかも現代のスポーツは昔のように精神主義ではなく、科学的である。筋肉のつけ方、栄養の取り方、練習の仕方など、コンピューターやビデオなどの最新技術の力を借りて、科学的に練習をする。そのことも「中の上以上」のクラスのビジネスパーソンにとって、自分の仕事を合理的かつ効果的に遂行することとスポーツとを重ねて見られるものになっていると思われる。

ゆえに「金持ちになり、高級品を持ちたい」や「人生の勝ち組になりたい」について「とてもそう思う」男性はスポーツ番組を「よく見る」人がどちらも42％いる。さらに「責任者となり、他人を指導したい」男性では「よく見る」人が46％いるのである。

自分が努力して結果を出すだけでなく、指導者になって組織全体の結果を出すことに関心が高い男性ほどスポーツ番組をよく見るのだと言える。

(注)齋藤僚介によれば「スポーツの分野で日本人が成し遂げたこと」を「とても誇りに思う」「まあ誇りに思う」人は非常に多く、かつ1995年、2003年、13年と増加している(「国への誇り『日本スゴイ』の原因は不満や不安なのか」、田辺俊介編著『日本人は右傾化したのか』勁草書房、2019)。

ニュースは見ない平成世代

テレビのニュース番組については「よく見る」人が階層意識が上がるほど増える(図表3-9)。この傾向は3世代共通だが、世代が若くなるほど「よく見る」人は激減している。平成世代はテレビではなくインターネットでニュースを見るようになったと想像できるが、他の2世代と比較すると、インターネットでニュースを見る時間が長いわけではない。どの階層でも「0分」が13〜20%と他の2世代よりもずっと多い(図表3-10)。

なかでも注目すべきは平成世代の「下」では「0分」という人が20%もいるということである。他の2世代でも「下」の人は「0分」が多いが、20%とは驚きの数字である。

こういう世代が自民党支持率が高いというのだから、困ったものである。

図表3-9　3世代・階層別
テレビのニュース番組を「よく見る」割合

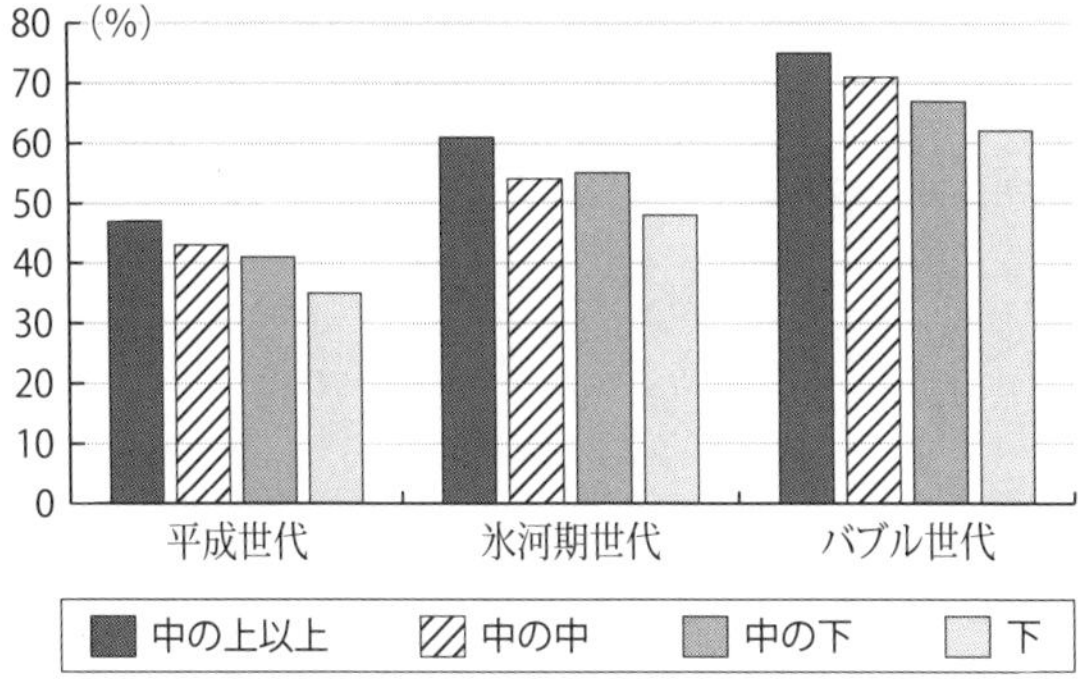

資料：MRI-mif2019

図表3-10　3世代男女計・階層意識別
平日インターネットでニュースを見る時間

	人数	0分	30分未満	30分以上
平成世代	5,385	15%	50%	36%
中の上以上	862	13%	49%	38%
中の中	2,125	14%	50%	36%
中の下	1,418	13%	50%	37%
下	980	20%	47%	33%
氷河期世代	8,325	6%	45%	49%
中の上以上	1,056	4%	40%	57%
中の中	3,280	5%	45%	50%
中の下	2,424	6%	46%	48%
下	1,565	10%	46%	43%
バブル世代	6,898	6%	49%	46%
中の上以上	1,097	4%	47%	48%
中の中	2,537	6%	50%	44%
中の下	2,056	6%	49%	46%
下	1,208	9%	46%	45%

資料：MRI-mif2019

貧困問題解決意識は年齢上昇とともに上流階層で減っていく

ニュースをあまり見ていないのだから、社会問題にも関心がないかもしれないと考え、少し政策的な質問の結果を集計してみた。

「以下にあげる社会課題について、国や自治体に率先して取り組んでほしいと思うこと」という質問で「貧困をなくすこと」を選んだ率は平成世代の「中の下」「下」では24〜25%と多く、「中の上以上」では19%とやや少ない。

だが3世代男女別に集計すると、氷河期、バブルと世代が上がるほど「貧困をなくすこと」への関心は「中の上以上」で低下するという傾向が見られた（図表3－11）。たとえば平成男性「中の上以上」では19%なのが、バブル男性「中の上以上」では13%である。

しかも興味深いことに、男性よりも女性のほうが「貧困をなくすこと」についての階層差が年齢上昇によって激しくなる。

平成・氷河期女性「中の上以上」では18〜19%なのが、バブル女性では13%に下がる。また平成女性「下」では25%なのが氷河期・バブル女性では30%に増える。貧困問題解決

図表3-11　3世代男女別・階層意識別「貧困をなくすこと」を国や自治体に率先して取り組んでほしいか

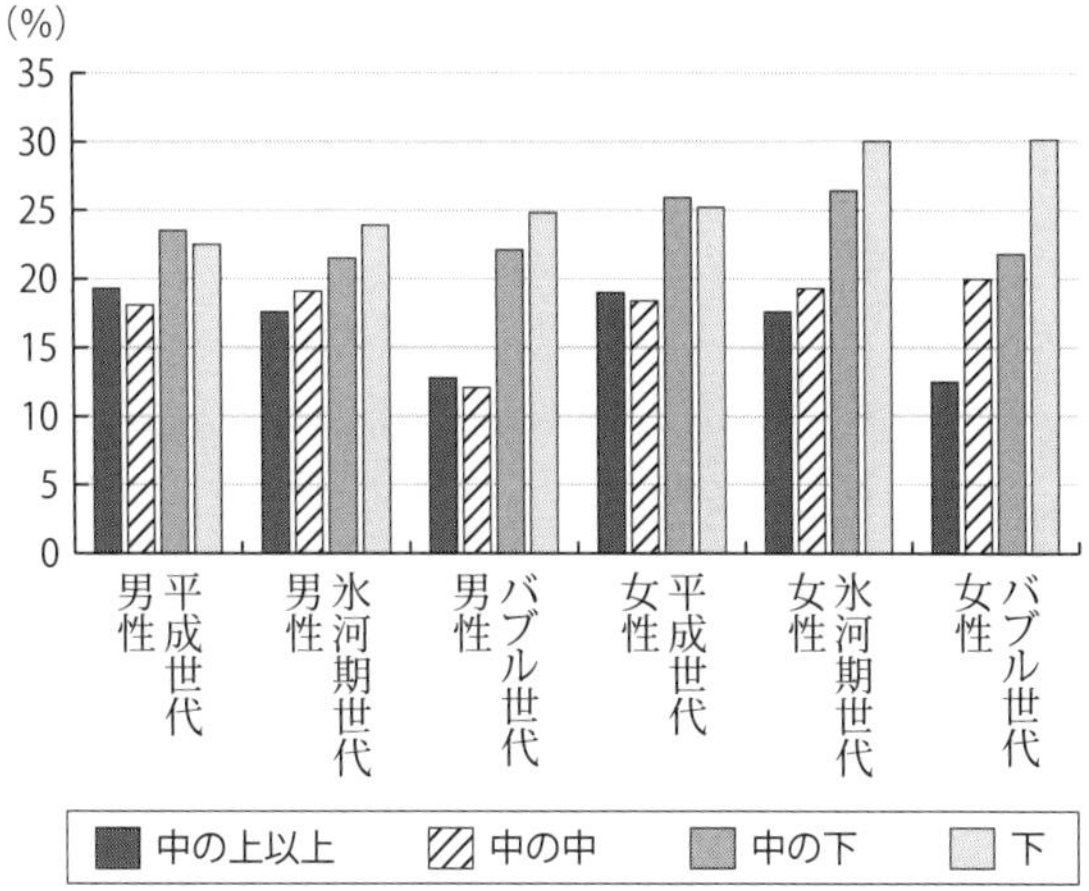

資料：MRI-mif2019

意識の格差が拡大するのである。

これを見る限り平成世代の社会意識が低いとは言い難い。同級生など身近なところに学費、奨学金などで苦労している人を見る機会が多かったからかもしれない。

他方、年齢が上がり、年収差が広がるにつれて、年収の高い人で貧困を問題視する人が減り、年収が低い人では問題視する人が増える、というのもまた当然といえば当然であるが、同世代内で若いときに開いた格差が40歳前後になって固定化していることを示す意識であると言えるだろう。

まとめ

本章をまとめると、平成世代の「中の上以上」の階層は、モノ消費にもコト消費にも意欲があり、健康で、スタイルや美容に気を使い、スポーツが好きで、スポーツ番組やバラエティー番組が好きで、旅行によく行き、ニュース番組もインターネットニュースも上の世代ほどには見ず、社会問題については氷河期などの上の世代に比べれば関心があるが、「中の下」の階層と比べると貧困問題には関心が弱い。

対して「中の下」の階層は、ゲームやマンガが好きで、旅行にはあまり行かず、まあまあ健康だがスポーツ、スタイル、美容への関心は高くなく、「中の上以上」の階層と同じくらいバラエティー番組を見るが、スポーツ番組はそれほど見ない、ニュース番組やインターネットニュースを見る頻度は「中の上以上」とあまり変わらず、貧困問題への関心が高い。

つまり、享楽的な「中の上以上」と内向的な「中の下」、という対比が見えてくるのだ。「中の上以上」の平成世代はもちろん、学歴、年収、正規雇用率が高いのであるが、果たして本当のエリートなのだろうかと疑問が浮かぶだろう。

コラム

ヒト消費　～リアル店舗の魅力は店主・店員の人間力で決まる

推しメン、追っかけもヒト消費

「推しメン」という言葉が最近あるが、乃木坂46やジャニーズ系などのファン活動というのは「ヒト消費」と言われているらしい。若い世代でモノ消費に関心が薄くなった人たち、特に女性では、こういう「推し」的なヒト消費の比重が増しているのだそうだ。

ｍｉｆで見ると、余暇行動として「好きなタレント、アーティストのグッズ購入、追っかけ」をする人は20代女性で特に多い。

２０１１年から19年までの推移を見ると、「ショッピング」は減っているが、「好きなタレント、アーティストのグッズ購入、追っかけ」は増加し、「食べ歩き」も15年以降やや増加傾向にある（次ページのグラフ）。モノを買うより食べ歩き、タレント関連というよう

20代女性の余暇行動参加率の推移

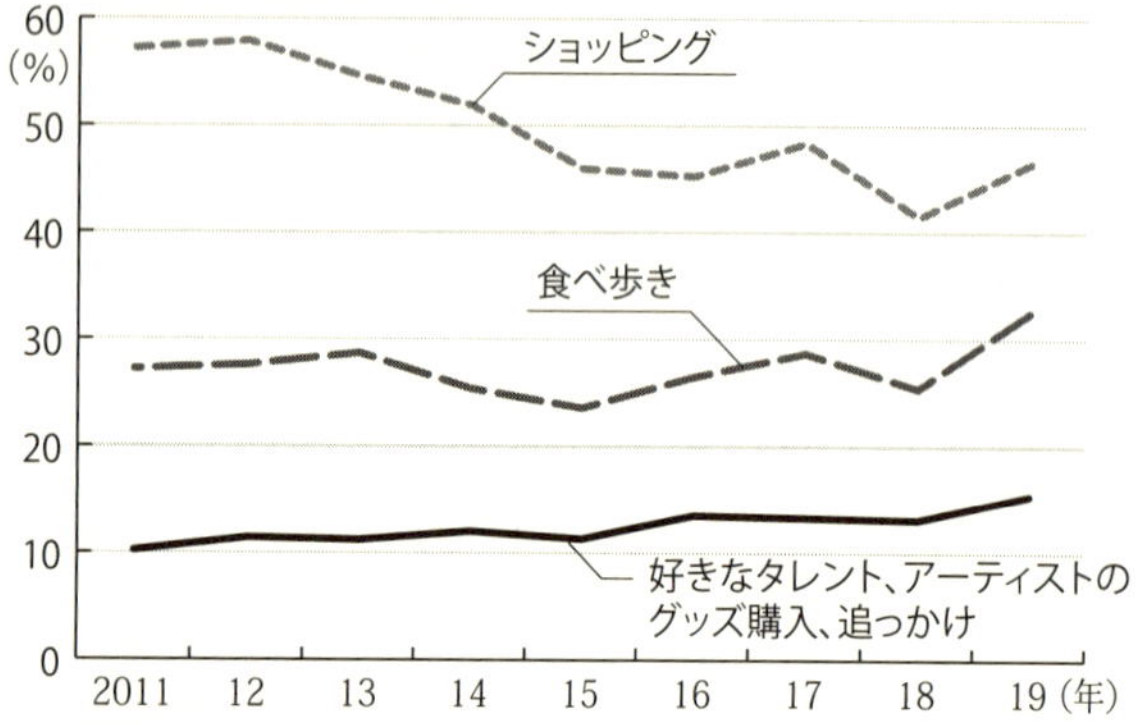

資料：MRI-mif2019

に、コト消費、ヒト消費をする女性が増えているのだ。

モノはネットでも買えるが、街歩きをしておいしい店を探し歩くのはネットではできない。いずれバーチャルにできるようになるかもしれないが、おそらくリアルな体験のほうが楽しい。タレントだってテレビでもスマホでも見られるが、やはりライブで見たい、追っかけをしたいわけである。

ヒトと場所の組み合わせが重要

この種のヒト消費で重要なのは場所との関連である。秋葉原、乃木坂、名古屋市栄など、地名とアイドルを結びつけたのは、さすがの戦略なのだ。マンガ、アニメなどで、作品中に登場する土地を「聖地」として訪ねるのも同じようなことである。ヒト消費は場所消費と結びつきやすい。

考えてみれば、戦国武将の小説が好きな人がお城や城下町を訪ねるとか、池波正太郎のファンが東京下町散歩をするのも同じことだ。

昔、宇都宮にファッションビルの「109」ができたとき、地元の女子高生にインタビューをして、「109ができてよかったね」と言ったら、「だめよ。宇都宮109で買いたいんじゃなくて、渋谷109のカリスマ店員から買いたいのよ。109は渋谷にあるから109なのよ」と反論されたことがある。大事なのはヒトと場所の組み合わせなのだ。ここで買いたい、この人を推したい、という感覚である。

銀座のこの小料理屋のこの女将、渋谷のこのバーのこのダンディーなバーテンダー、下町のこのホルモン屋のこの大将、といった場所性とヒト性の組み合わせが大事になっている。

スマホでどんなに知らない街の情報でも手に入る時代なので、現代の消費者は銀座や渋谷といった大きな繁華街に行くだけでは満足しなくなっている。下町の柴又でも北千住でも巣鴨でも行くし、住宅地の中のひっそりした店にも行く。

つまり消費をするときに、どの街に行ったかという場所性もまた大きな意味を持つのである。同じようなモノ、コトでも、ネットで買ったり、新宿の駅ビルで買ったり、体験したりするよりも、あまり知られていない街の、小さな、店主が自分の好きなものだけを集めたこだわりの店で買ったほうが面白いし、チェーンのスポーツジムではない、自分なりの思想に基づくインストラクターからヨガを習う体験をしたほうが、満足感が大きいのだ。

店主のコミュニケーション力がある店に引かれる

ところが現実には、多くの店が近年チェーン店になっている。店員はアルバイトが主体であり、客とのやりとりはマニュアル通りである。

またネットでモノを買うと、商品にクレームがあるときはコールセンターに電話をするが、コールセンターで出てくる人は、やはりマニュアル通りに答えるだけで、自分の個性はない。たまに非常にホスピタリティーの良い人が出ることがあるが、普通はロボットのようにフローチャートに従って答えるだけである。これでは、またこの店で買おうとは思わなくなる。

だが、やはりネットで買う頻度が増えていくので、コールセンターとのやりとりは増えるばかり。そういうストレスが溜まると、ますます生身の人間の面白さや機転の良さが味わえるところに行ってお金を使いたくなるのだ。

チェーンの飲食店の売り上げが低迷し、店主の個性が魅力的だったりコミュニケーション力が高かったりする個人店の居酒屋、焼き鳥屋、スナックなどに近年若い世代が引かれる理由がそこにある。

コロナ後の商店はこうしたヒト消費の側面が重要になる。店に客をたくさん詰め込んで、まさに「三密」にして薄利多売という時代は終わるだろう。

いまなぜ屋台や商店街が人気なのか

先述した渋谷109のカリスマ店員だって、まさにその店員の個人の魅力、コミュニケーション力が秀でていたからこそ、あれだけ一世を風靡したのである。ユニクロがいくら売れてもカリスマ店員は生まれない。いつかはネットでだけ買うようになるだろう。

そうなるとリアルな店舗で消費をする理由は、その店にいるヒトの魅力しかなくなる。一種のタレントというか芸人というか、それくらいの魅力が店員、店主に求められる時代になるのだ。

そもそも江戸時代（おそらく明治から昭和初期でもまだ）、商人というのはしばしば芸人であって、固定した店など持たず、屋台やカゴをかつぎ、歌を歌い、踊りながら、客を集めて物を売っていたらしい。フーテンの寅さんや紙芝居はその名残である。

最近、比較的若い世代の中で屋台をつくってコーヒーを売ったり、クッキーや駄菓子を売ったりする人が増えているが、それは商売の基本に帰って、場所とヒトの魅力によって街をつくっているのだとも言えるだろう。

ｍｉｆデータでも商店街を使う人が50～60代の男女と並んで20代の男性、特に年収が600万円以上の20代男性で多いという面白い傾向がある。週１回以上「商店街・街中の個人商店」を利用する人は男女全年齢全体では４％だが、平成男性の「中の上」では13％いる。氷河期男性でも９％であり、比較的若い世代の上流男性が商店街や個人店を好むようになっているのだ。

なぜ上流で多いのかというと、おそらく若い男性では上流と下流でコミュニケーション力に差があることが一因だろう。お店の人とうまく話しながら物を買うのが楽しめないと個人店で買う意味がないからだ。

「おばあちゃんの原宿」、巣鴨に若者たちが集まるという話も最近はよく聞く。やはり人とのつながりを楽しむ若者が増えたのかもしれない。巣鴨に限らず、昭和のレトロな街の食堂、飲み屋、喫茶店などにある人間臭さ、自然なふれあいに居心地の良さを感じるのだ(拙著『100万円で家を買い、週3日働く』参照)。

まさにコト消費であり、場所とヒトの消費なのである。こういう古い店が、もともと店主が高齢でなくなる傾向にあるのに、今度のコロナによってついに閉店ということも多かったに違いない。誠に残念である。

「昭和喫茶」の次は「昭和デパート」だ

巣鴨もいいが、大宮もよい。埼玉県さいたま市のJR大宮駅前は、郊外でありながら歓楽街の要素を色濃く持っている。特に駅東口の南側、いわゆる南銀座商店街は無数のキャバクラ、スナックが密集している。コロナ騒ぎで大変だったろう。

昭和の雰囲気の小料理屋、大衆食堂、大衆酒場なども多く、サラリーマンの味方である。そんな中でも私が気に入っているのが駅前の酒場「いづみや」と、高島屋裏の「多万里《たまり》」だ。

特にオススメは「多万里」である。ここの味付け卵は絶品である。甘くねっとりしていて、とっても美味い。1個100円しかないので、2、3個は食べたい名物である。ラーメン、焼きそばなども、すこし甘めの味付けで、おそらく女性が料理しているのではなかろうか。家庭的なおふくろの味とも言えるもので、くせになる。

近年若者に昭和喫茶が人気であるが、大宮にはその名も「珈琲専門館」と「伯爵邸」という、やたらに食べ物が充実した昭和喫茶が残っている。特に「伯爵邸」は家族連れ、デートのカップルなどで満員である。

高島屋も素敵だ。日本橋や新宿の高島屋とはまったく異なる。規模も小さく、きらびやかさはない。まさに昭和の百貨店の面影を残しており、目隠しをしてここに連れて来られれば、どこかの地方都市の地元百貨店だと勘違いするであろう。こののんびりした雰囲気。

地元に愛されている感じ。流行の最先端とは無縁の落ち着き。いやあ、いいなあ。なんだかとても懐かしい。

これからはこういう「昭和百貨店」「昭和デパート」が人気になるに違いないと私は確信する。都心のおしゃれすぎる百貨店やファッションビルは疲れる。買う物もない。かといってユニクロでは洋服が並んでいるだけだ。衣食住、あるいは書店など、ひととおり何でもそろっていて、のんびり歩いて見て回るだけでも、なんとなく楽しい。そういう店が求められる時代がまたきっと来るだろう。

第４章

ケア消費の拡大

～単身世帯消費、平成20年間の変化

激増する男性シニア単身世帯

最後に単身世帯の消費について見ていく。まず世帯数であるが、2015年の単身世帯は1841万8千世帯であり、世帯総数5333万2千世帯の34・5%を占める。夫婦と子どもからなる世帯は1434万2千世帯、26・9%であり、単身世帯のほうがはるかに多い（ここでの15年の数字は国立社会保障・人口問題研究所の推計であり、国勢調査ではない）。

単身世帯は今後も増加するが、高齢化と未婚化、離婚の増加により、特に中高年の単身世帯は今後も増加する。後述する家計調査のデータに合わせて**20～34歳をヤング、35～59歳をミドル、60～79歳をシニア**とすると、今後ヤング単身世帯は減り続け、ミドル単身世帯は25年までは増えるが30年からは減り、シニア単身世帯は今後ずっと増え続け40年には700万世帯になる（**図表4－1**、家計調査では単身世帯の年齢を三つに分け、一番年上を60歳以上としているが、平均年齢は71歳前後なので、人口推計でもシニアを60～79歳とした）。

伸び率で見ると男性のシニア単身世帯が非常に増える。15年には233万世帯なのが40年には347万世帯になるのだ。男性の寿命が延びることに加えて、未婚者の多い氷河期

図表4-1　単身世帯数予測（男女年齢別）

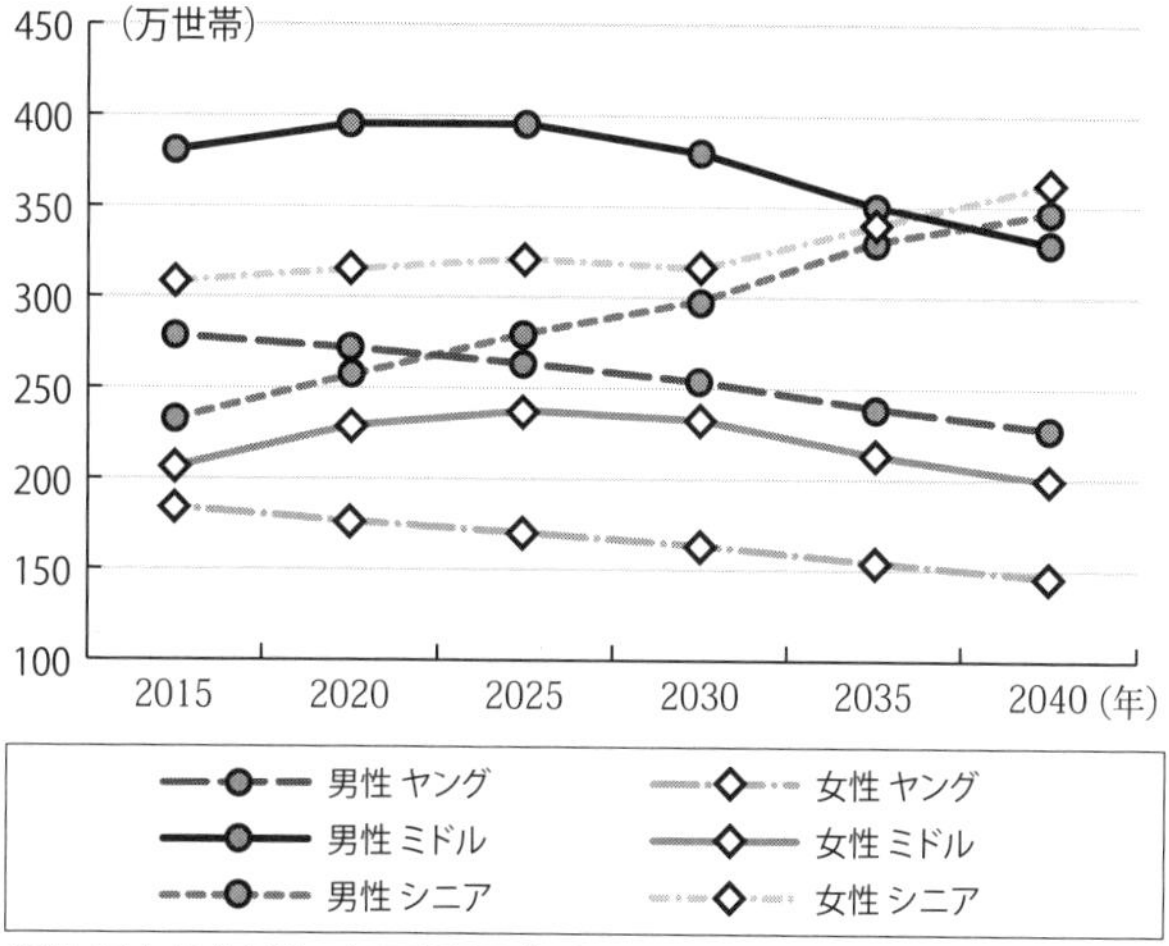

資料：国立社会保障・人口問題研究所による人口推計に基づき
カルチャースタディーズ研究所作成

世代が60代になることの影響が大きい。

単身世帯の消費が鍵

このように単身世帯、特に中高年の単身世帯が増加するのだから、令和の消費の主役は中高年単身世帯であると言える。もちろん中高年の夫婦のみ世帯も増えるが、夫婦のみ世帯の消費支出は、家電、家具などの耐久財を除けば、消費の傾向は単身世帯者が2人いるのと大差がないはずである。

また夫婦と子どもからなる世帯も、

30代の夫婦と小さな子どもの世帯は減少し、増えるのは50〜70代の夫婦と20〜40代の子どもからなる世帯である。

ゆえに、たとえ4人家族でも、家電、家具などの耐久財を除けば、消費の傾向は単身世帯者が4人いるのと大差がないはずである。

「エンゲル係数の上昇は生活水準の上昇」という珍説は正しいか

そこでこれから、家計調査を使い単身世帯の消費支出について分析する。

まず小分類別の支出の推移を見る。

消費支出総額は2000年代は年平均207万円だったのが、10年代は193万円まで減少している。また食料費は、00年代の53万5000円から10年代は52万2000円に減少しており、エンゲル係数はやや上昇している。

どこかの国の天才的総理大臣は生活水準が上がったからエンゲル係数も上がったのだという珍説を国会で開陳したが、そうなのだろうか？　私はごく普通に、エンゲル係数が上がるのは生活水準が下がることだと思うがどうだろう。

自炊をせずに外食が増えて食料費が上がったのなら、生活水準の上昇と言えないこともないが、外食は減ってコンビニ弁当などが増えているのだから、自炊より金額が増えたとしても、それは生活水準の向上とは言わない気がするが、いかがだろう。

また光熱・水道費などの公共料金も、02年の22万3000円から19年は28万円弱に増加している。消費支出全体が減少する中で、公共料金という必要最低限のものの支出が増加しているということは、それだけ生活を切り詰める必要が増大してきたと言える。

米（炭水化物）より乳製品（たんぱく質）が多い

「食料費」については外食が減り調理食品（いわゆる「中食」）が増加している。中でも「主食的調理食品」が横ばいなのに、「他の調理食品」が増えており、2018年は主食的調理食品とほぼ同額になっているので、ご飯などは自炊し、おかずを買う人が増えていると推測される。

あるいは炭水化物を減らす人が増えているので、おかずだけで済ます人が増えているのかもしれない。米は減少しているがパンの支出は増えているので、パンとおかずをコンビ

図表4-2　主要食品の消費支出の推移

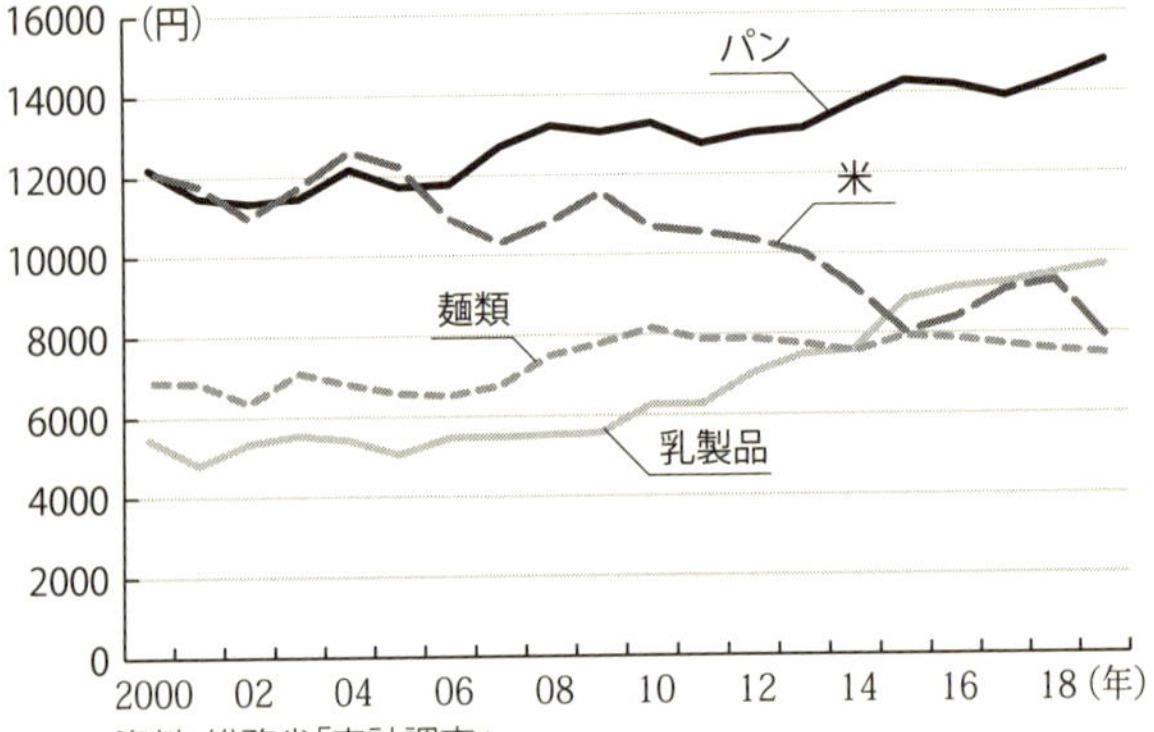

資料：総務省「家計調査」

ニやスーパーで買うという人も多いだろう。また、チーズ、ヨーグルトなどの「乳製品」が増加し、米よりも支出が多くなっている。炭水化物よりもたんぱく質という最近の健康志向の反映であろう（**図表４－２**）。

魚よりサプリメント

日本人の食生活と言えば魚が多いことが特徴だが、最近は魚の値段が高く、食卓に上るケースが減っているようである。「生鮮魚介」の支出は２万円から１万５千円弱に減少し、２０１８年は「健康保持用摂取品」のほうが多くなっている（**図表４－３**）。シジミや青魚を食べる代わりに、シジミや青魚の成分を凝縮したとされ

図表4-3　魚・果物の消費支出の推移

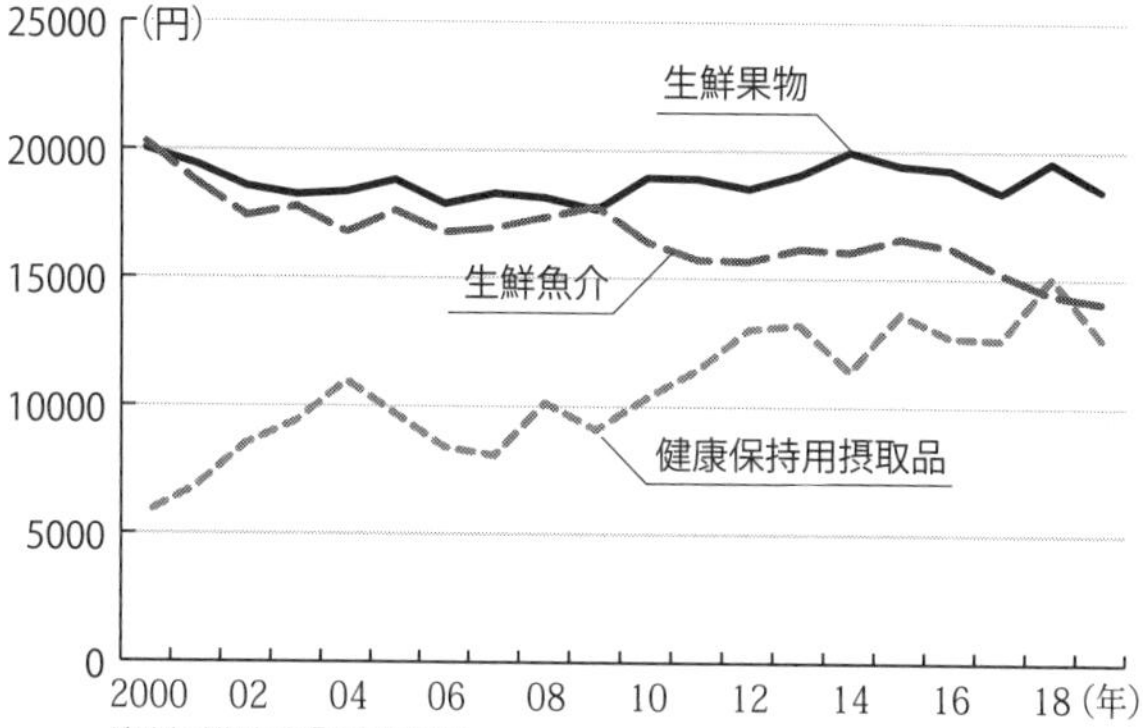

資料：総務省「家計調査」

るサプリメントを利用するほうにお金をかけるようになったのである。

「生鮮果物」も値段が高いので、支出は横ばいである。数年後にはサプリメントに抜かれそうである。サプリメントがケア消費の一翼を担っている。

拡大するセルフケア消費

こうした健康志向、ケア志向は食生活のみならず、あらゆる分野で拡大している。「保健医療費」は増加しており、マッサージなどの「保健医療サービス」や「理美容用品」が増加を続けている（**図表４-４**）。ヘルスケア、ビューティーケア、スキンケアなど、健康と美に関する

図表4-4　健康関連の消費支出の推移

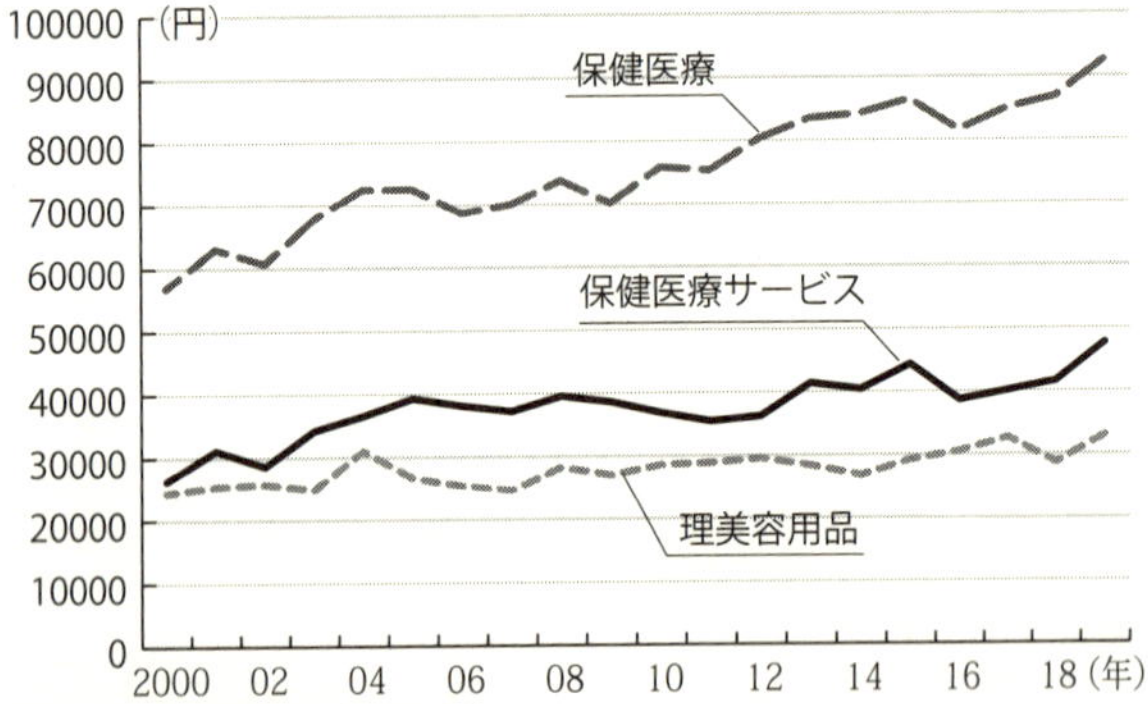

資料：総務省「家計調査」

あらゆるケアへの需要が増えているのである。

単身生活をするということは、健康を自分で管理しなくてはならないということである。肩がこっても腰が痛くても誰も揉んでくれない。自分では揉めないから、自分で体操をしたり、薬を飲んだり、マッサージ店に行ったりしなくてはならない。中高年の単身世帯が増えるということは、そうした自己管理、セルフケアに関する需要が増大するということなのである。

こうしたケアはどうしても対人的なサービス業になる。マッサージチェアなどの健康器具、美容器具を買ってもいいが、高額である。貼り薬を貼るしかなくなる。対人的に施術師や美容師などとの会話も楽しみたい。だから対人ケアの仕事が重

図表4-5　婦人用洋服の消費支出の推移

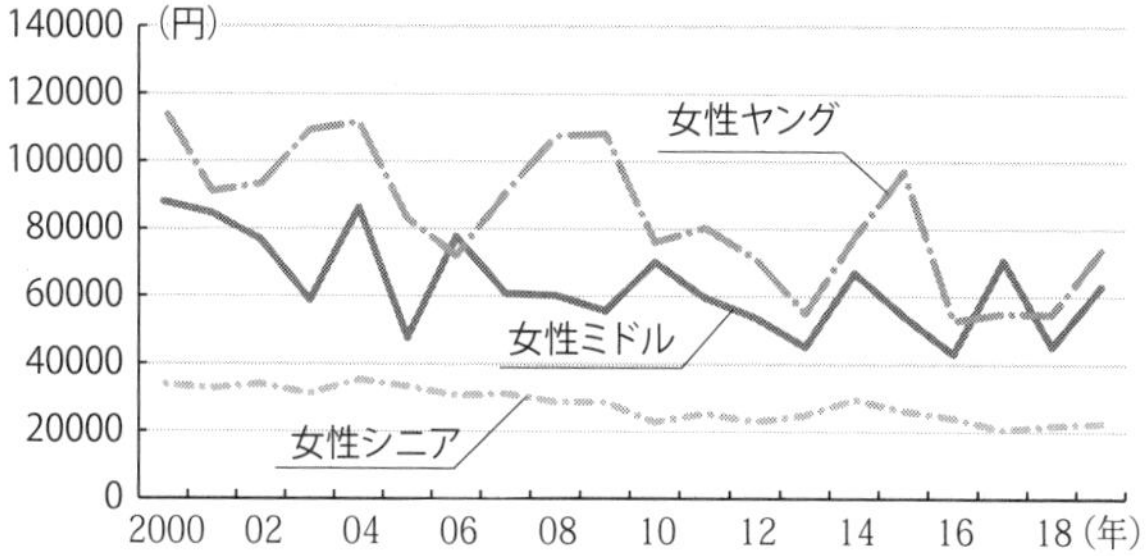

資料：総務省「家計調査」

要になる。コロナ対策で一時、床屋が休業要請されそうになったが、実際に行われていたら完全な愚策になっていただろう。

働く女性が増えて女性ファッション費が半減

今さら言うまでもないが、「洋服」の支出は減少している。テレビ、DVDプレーヤー、パソコンなどの「教養娯楽耐久財」も減少傾向、「自動車購入費」も漸減傾向にある。

洋服は男子用よりも婦人用の支出の減り方が激しく、女性ヤングは2000年から20年間でほぼ半減している（**図表4－5**）。

これは女性もユニクロなどのファストファッションで済ます人が増えたことはもちろんだが、男性並みに仕事をする女性が増えて、「青山」などの紳士服店の黒いスーツを着ることが増えたことなどが影響していると思われる。

第3章で見たように、古着、フリマ、メルカリなどのフリマアプリの利用の増加なども洋服への支出を減らす要因となっていることは言うまでもない。

また、特に若い女性が洋服よりも外食、美容・健康、学習、体験などのコト消費にお金をかけるようになったためでもあろう。女性が働いて収入が増えればファッション費も増えるという見方をする人がまだいるが、実態はまったく逆なのである。

男女3世代の支出の20年間の変化

ここまで単身世帯の消費を概観したが、ここからは食生活関連について男女別・年齢別に個別の品目別の平均年間支出額の動きを詳しく見る。

前述の通り、家計調査における年齢は3分割されており、本書でヤングというのは20〜34歳、ミドルは35〜59歳、シニアは60〜79歳である。

したがってヤングは2019年時点で1985年以降の生まれなので7割ほどが平成世

代であると言える。00年時点の18～34歳は１９６６～82年生まれだから、00年から19年までの支出の変化は、おおむね氷河期世代から平成世代に至る世代変化だと言える。

ミドルは19年時点で１９６０～84年生まれだから7割は本書における氷河期世代である。00年時点では団塊世代が51～53歳だったから、00年から19年までの変化は、団塊世代がミドルから退出し、氷河期世代が入れ替わりでミドルになる過程の世代変化であると言える。

シニアは19年の平均年齢が73・6歳なので、１９４５～46年生まれにあたり、ほぼ団塊世代に当たる。00年のシニアの平均は70・8歳だから１９３１年生まれの昭和ヒトケタ世代に当たる。ゆえに00年から19年までの20年間の変化は、昭和ヒトケタ世代から団塊世代に至る世代変化であると言える。

なお紙幅の都合で男女年齢別のデータは表を掲載できないし、グラフも必要最小限となるが、ご容赦いただきたい。

和食は着物と同じ非日常、米・緑茶の消費は減少から増加に転ずる動きも

「緑茶」の支出が非常に減っている。ペットボトルが普及したせいであるが、家庭で急須

でお茶をいれるという日本人の伝統的習慣はかなり崩れている。美しい日本とはほど遠い。男性シニアでは2000年には7392円だった支出が18年には2107円にまで減っているのだ。

対して女性は、やはり各世代ともお茶の支出が減ってきたが、近年シニアとミドルで支出がやや増勢に転じていたかのように見えるところもある（図表4－6）。がんや肥満の予防になるという効能に女性が敏感に反応したためであろう。

ペットボトルなどの「茶飲料」は増加しているが、特に男性シニアは最近伸びが大きい（図表4－7）。

だが総じて日本的な食事は衰退している。和食がブームなのは、日常的な食事が和食的でなくなっているからだ、という逆説があるのだ。米、魚、お茶という和食は、毎日食べるものではなく、たまに食べるおいしいもの、特別なものになっていると言える。和服と似てきているのである。

図表4-6　緑茶の消費支出の推移

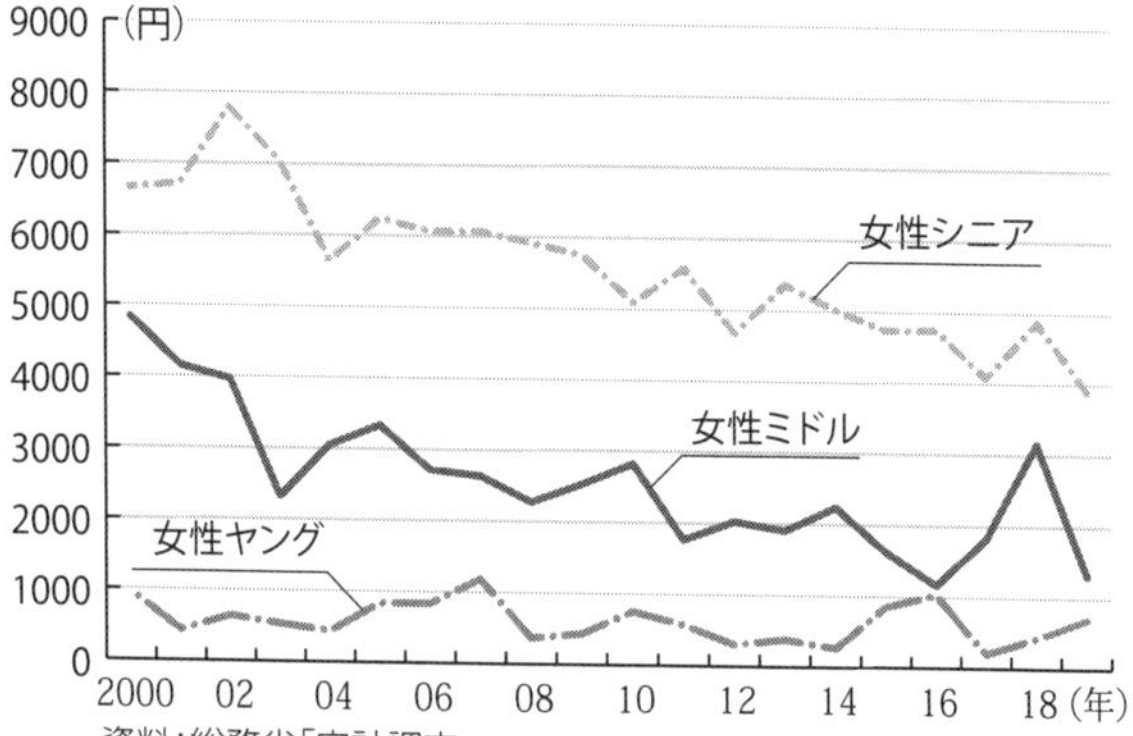

資料：総務省「家計調査」

図表4-7　茶飲料の消費支出の推移

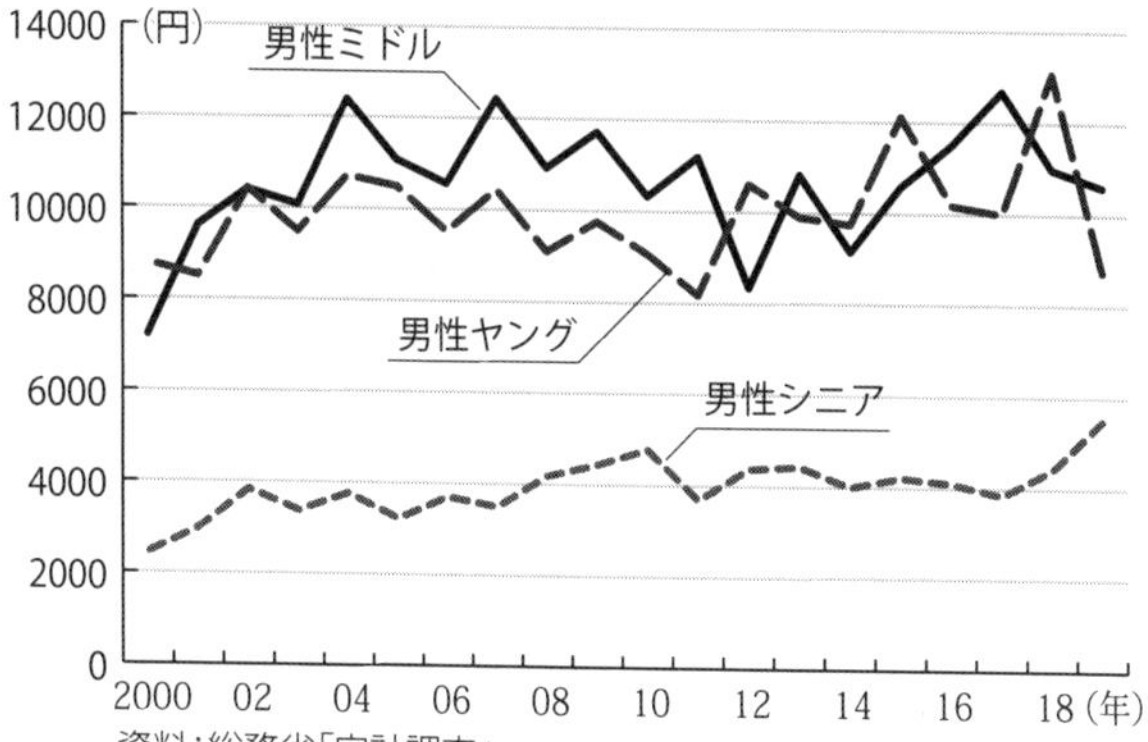

資料：総務省「家計調査」

図表4-8　おにぎりの消費支出の推移

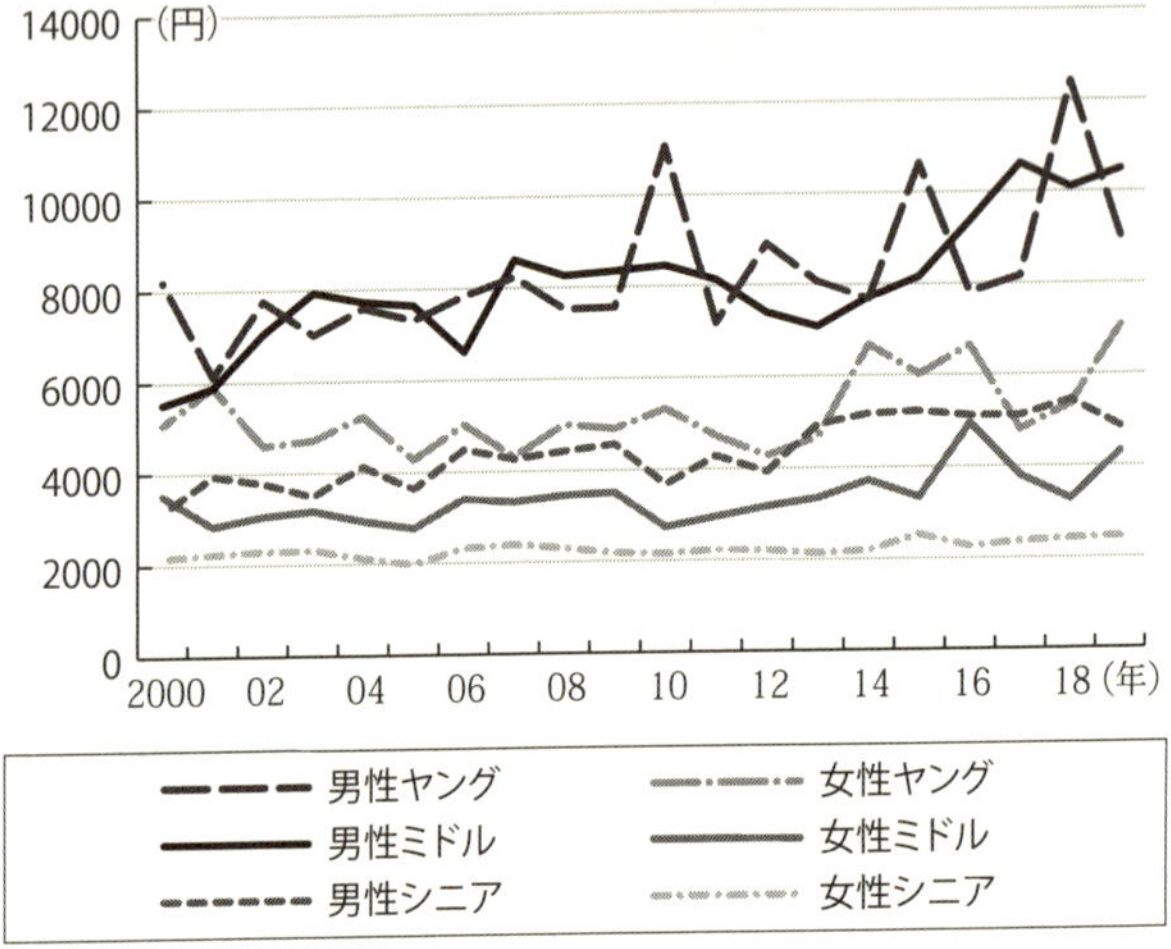

資料：総務省「家計調査」

おにぎりと調理パンが男性ミドルで増加、しかし食事は家庭内に回帰か？

米に代わって増加しているのはパン類、麺類、調理食品（「おにぎり」「調理パン」「惣菜」など）である。現代の日本人の食生活では米は自分で買うものではなく、外食で食べるか、弁当やおにぎりに加工したものを食べるようになったのである。

主食的調理食品の中でもおにぎりは女性シニア以外の男女各世代で伸びているが、特に男性ミドルの伸びが着実であり、男性ヤングとほぼ同額である

図表4-9　調理パンの消費支出の推移

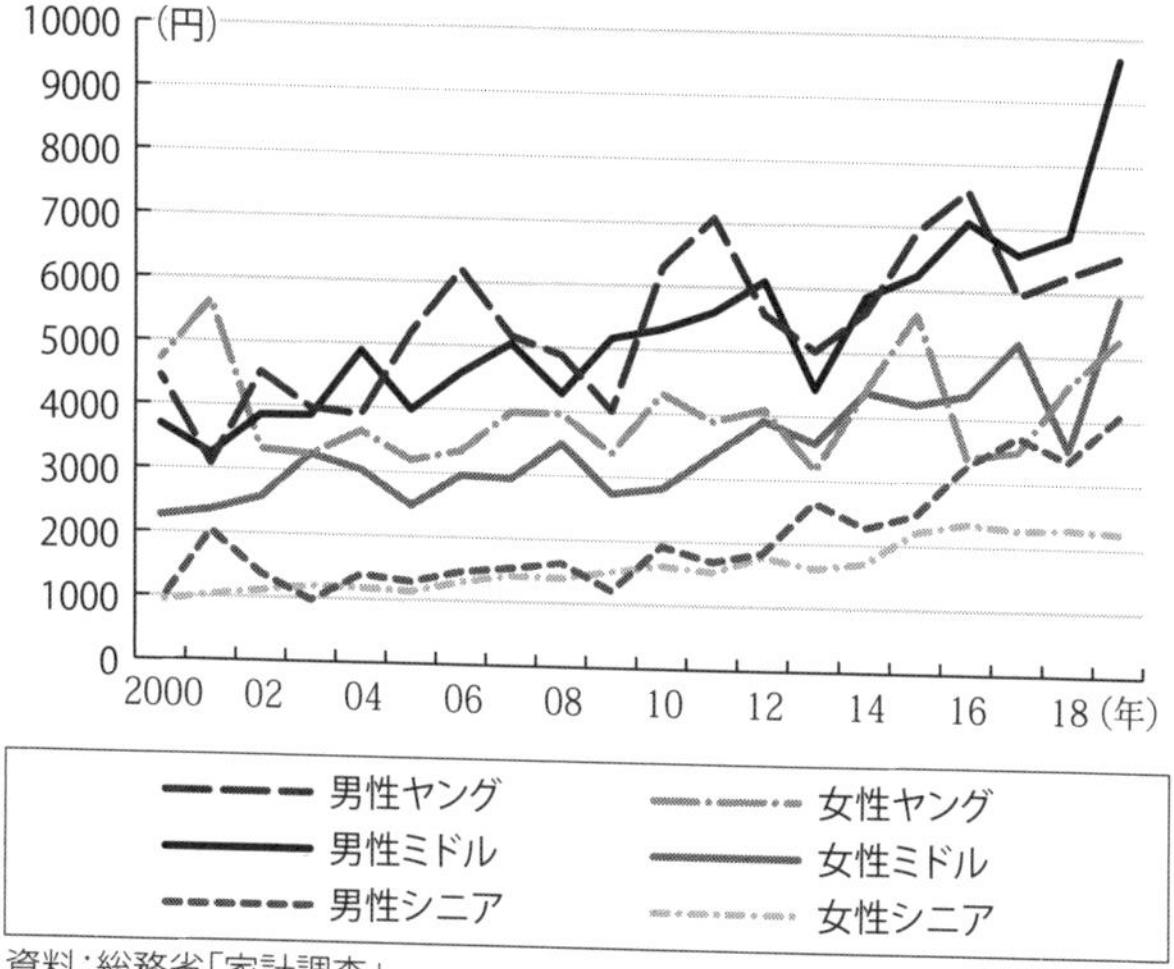

資料：総務省「家計調査」

（図表4－8）。近年は男性シニア、女性ヤングも伸びている。

コロナの影響で飲食店は大打撃であるが、テイクアウト、調理食品の購入、あるいは自宅での料理へと消費がシフトしそうである。

調理パンについても男性ミドルの伸びが大きく、近年男性ヤングを追い抜いている（図表4－9）。男性シニアも着実に伸びており、中高年男性がパン好きになっている。女性ミドルも20年間着実に増えており、男性ヤングと同額くらいになりつつある。女性シニアもじわじわと増加している。

図表4-10　カップ麺＋即席麺の消費支出の推移

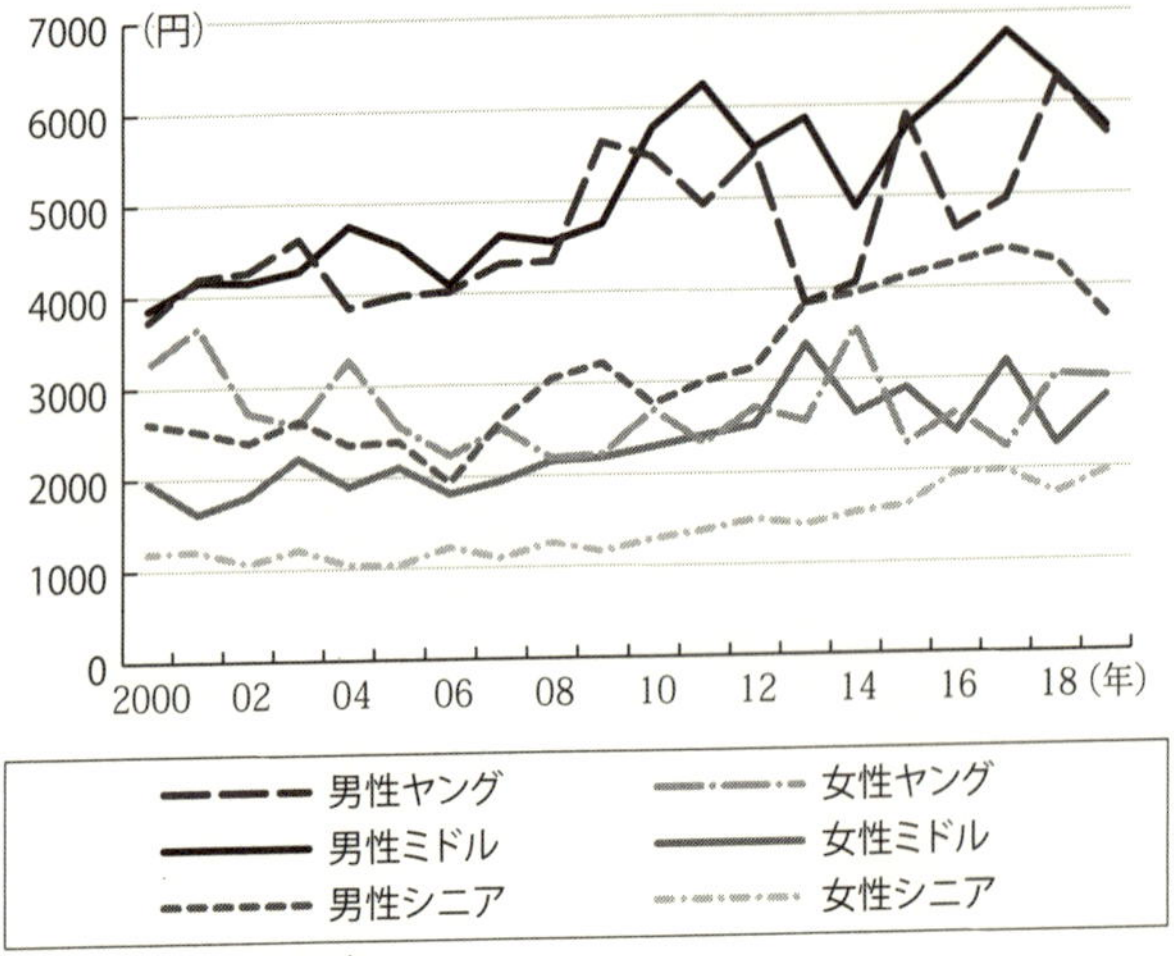

資料：総務省「家計調査」

カップ麺もケア食品化する時代

「カップ麺」と「即席麺」の支出も特に男性の各年齢で増加している。健康志向の高まりという割にはこうした食品は伸びており、矛盾している。だからこそ健康に気を配って健康食品を食べるということにもつながるのだろう。

日清食品では薬のような作用を考えた商品設計を進めると言っているし、すでに発売されているオールインパスタは、1日に必要な栄養素すべての3分の1を1食で摂取できる商品として設計されており、当初はシニアや女性を狙ったが、実際には栄養バランスを考える若い層にも人気だという。

またカップ麺＋即席麺の支出を見ると男性ヤングと男性ミドルがほぼ同額であり、20年間で5割増加した（**図表4－10**）。男性シニアも増加している。実はカップ麺を若いときに食べた最初の世代は団塊世代だから、現代の男性シニアでカップ麺が増えるのは当然なのだ。

2020年はコロナの影響で、おにぎり、調理パン、カップ麺、即席麺のいずれも消費が伸びるだろう。

下流から上流に這い上がりたい男性はカップ麺を食べる

カップ麺というと昔は一人暮らしの学生のおやつか、受験生の夜食というイメージであったが最近は国民食になっており、むしろ意欲的に働く男性の食べ物になっている。

どういうことかというと、mifによって、カップ麺を最も頻繁に食べる25～54歳の男性を分析すると、階層意識別ではたしかに「下」で多いが、「上」でもあまり違わないほど多いのである。概して階層意識による差は大きくない。

図表4-11　25~54歳男性　「金持ちになり、高級品を持ちたい」かとカップ麺を食べる頻度

	人数	毎日	週2〜3回	週1回	月2〜3回	2〜3カ月に1回	半年に1回	ほとんど食べない
合計	10,129	1%	10%	19%	27%	19%	7%	16%
とてもそう思う	1,163	3%	14%	22%	27%	18%	5%	12%
そう思う	2,492	2%	12%	21%	29%	18%	6%	12%
どちらともいえない	4,313	1%	9%	18%	27%	19%	8%	20%
そう思わない	1,556	1%	8%	17%	27%	23%	8%	16%
まったくそう思わない	605	2%	9%	17%	27%	19%	7%	20%

資料：MRI-mif2019

また「金持ちになり、高級品を持ちたい」に「とてもそう思う」人は週2〜3回以上カップ麺を食べる人が17％いる（**図表4-11**）。「まったくそう思わない」人では11％である。

しかも、階層意識が「下」でかつ「金持ちになり、高級品を持ちたい」に「とてもそう思う」男性が週2〜3回以上カップ麺を食べる割合は21％と高い。

さらに一人暮らしで、階層意識が「下」で「金持ちになり、高級品を持ちたい」に「とてもそう思う」男性が週2〜3回以上カップ麺を食べる割合は33%とさらに高まる。

このように下流から上流に這い上がりたい、特に一人暮らしの男性は、今カップ麺を食べて頑張っているのだ。面白いことに、「金持ちになり、高級品を持ちたい」に「とてもそう思う」男性で週2～3回以上カップ麺を食べる割合は階層意識が「下」と同じくらい「中の上以上」で高く、「中の中」や「中の下」ではあまり高くない。こういう傾向が出るのは、これまで集計した限りではカップ麺だけである。

このように、カップ麺を食べることは貧乏学生の食事というよりは、現代では、勝ち組になりたい、金持ちになりたい人の緊急補助食品という意味合いを持っているらしいのだ。

スポーツマンほど食べるカップ麺

余暇行動別にカップ麺を食べる頻度を見ても、ハンググライダー、乗馬、ヨット・クルーザー、アイスホッケー、アイススケート・フィギュアスケートなど、かなり本格的にスポーツをする人がカップ麺を食べている(図表4-12)。テニスの錦織圭もカップ麺のコマーシャルに長年出ており、世界で活躍する男が食べるカップ麺というイメージが広がって

図表4-12　25〜54歳男性　余暇別・カップ麺を食べる頻度が週2〜3回以上の割合

	人数	週2〜3回以上
ハンググライダー、パラセール	39	46%
乗馬	58	35%
茶道、華道	46	33%
ヨット、クルーザー、ボート、水上バイク	80	33%
書道	57	32%
アイスホッケー	38	32%
アイススケート、フィギュアスケート	62	31%
社交ダンス	35	29%
編み物、洋裁、和裁、手芸	70	27%
水上スキー、ウェイクボード	60	25%
スキューバダイビング、スキンダイビング	157	25%
eスポーツ（コンピューターゲーム、ビデオゲームを使った対戦で、スポーツ競技として捉えるもの）	205	24%
バレーボール	108	23%
サーフィン、ボディーボード	136	22%
バドミントン	178	22%

資料：MRI-mif2019

いるのではないかと思われる。

逆に、余暇が読書だという人は11%、同様に美術館、映画鑑賞、楽器演奏の人は12%しかいないなど、文化系の余暇を楽しむ人はカップ麺の消費が少ない。外向的な活動をする人が、外で食べるもの、練習の合間のおやつなどとしてカップ麺が選ばれているのだ。

また現在「男らしくふるまう」かについて「あては

図表4-13　25~54歳男性　「男らしくふるまう」かとカップ麺を食べる頻度

	人数	毎日	週2～3回	週1回	月2～3回	2～3カ月に1回	半年に1回	ほとんど食べない
合計	5,228	2%	12%	20%	25%	17%	6%	18%
あてはまる	325	3%	18%	19%	27%	12%	7%	16%
ややあてはまる	702	2%	14%	20%	27%	19%	5%	13%
どちらともいえない	2,844	1%	11%	19%	26%	16%	7%	19%
あまりあてはまらない	599	3%	13%	23%	23%	18%	6%	15%
あてはまらない	758	3%	10%	20%	23%	18%	7%	19%

資料：MRI-mif2019

まる」男性のほうが、差は大きくないが、カップ麺を食べる頻度が高いようだ（**図表4－13**）。

このようにカップ麺は、どちらかというと体育会系で頑張って働き、スポーツマンで、男らしい男性が食べる商品というイメージがすり込まれているらしいのだ。だからこれからのカップ麺には、単に空腹を満たすだけでなく、栄養を補給する、健康状態をアップするといった特保食品的な機能がますます求められるだろう。

図表4-14　チーズの消費支出の推移

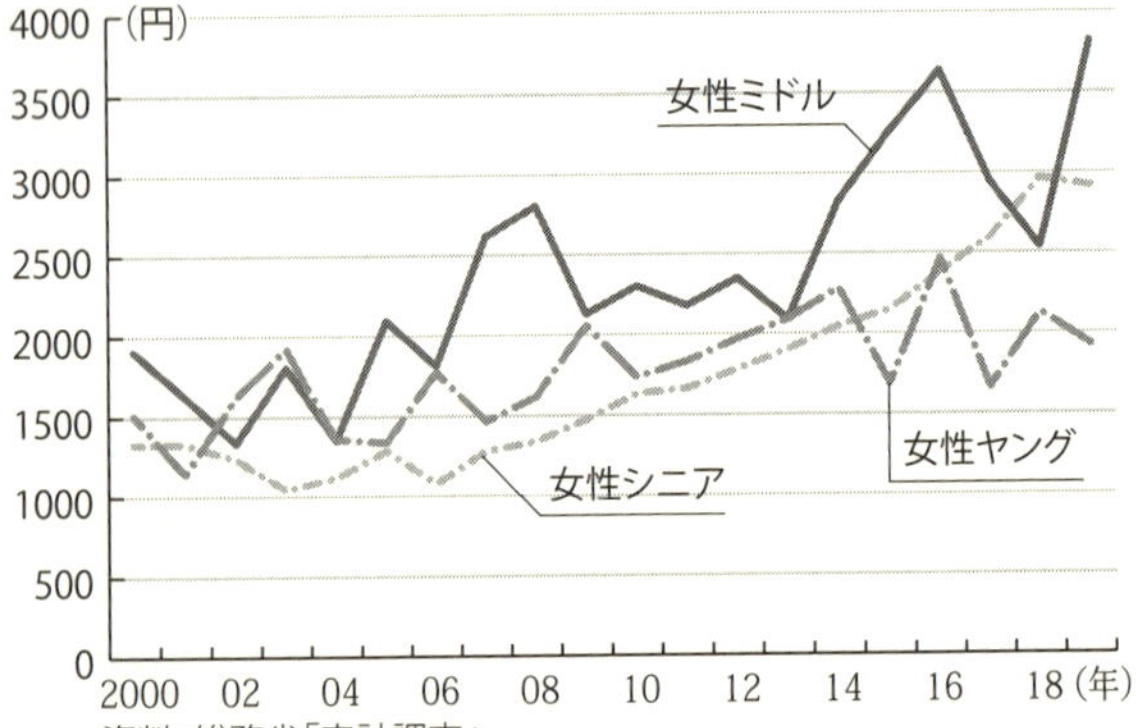

資料：総務省「家計調査」

肉と乳製品で健康寿命を延ばす

家計調査に話を戻す。

魚に代わって肉の消費も伸びているが、「生鮮肉」については特に女性シニアの伸びが大きい。この世代の女性は自炊が得意であり、かつ健康寿命を延ばすためには肉、特に牛肉がよいと信じられているので、支出が伸びているのであろう。

対して男性は「ハム、ソーセージなどの加工肉」のほうが伸びている。料理を面倒くさがる人が女性より多いため、簡単に食べられる加工肉を買うのであろう。

また、先述したようにたんぱく質志向の強ま

図表4-15　ヨーグルトの消費支出の推移

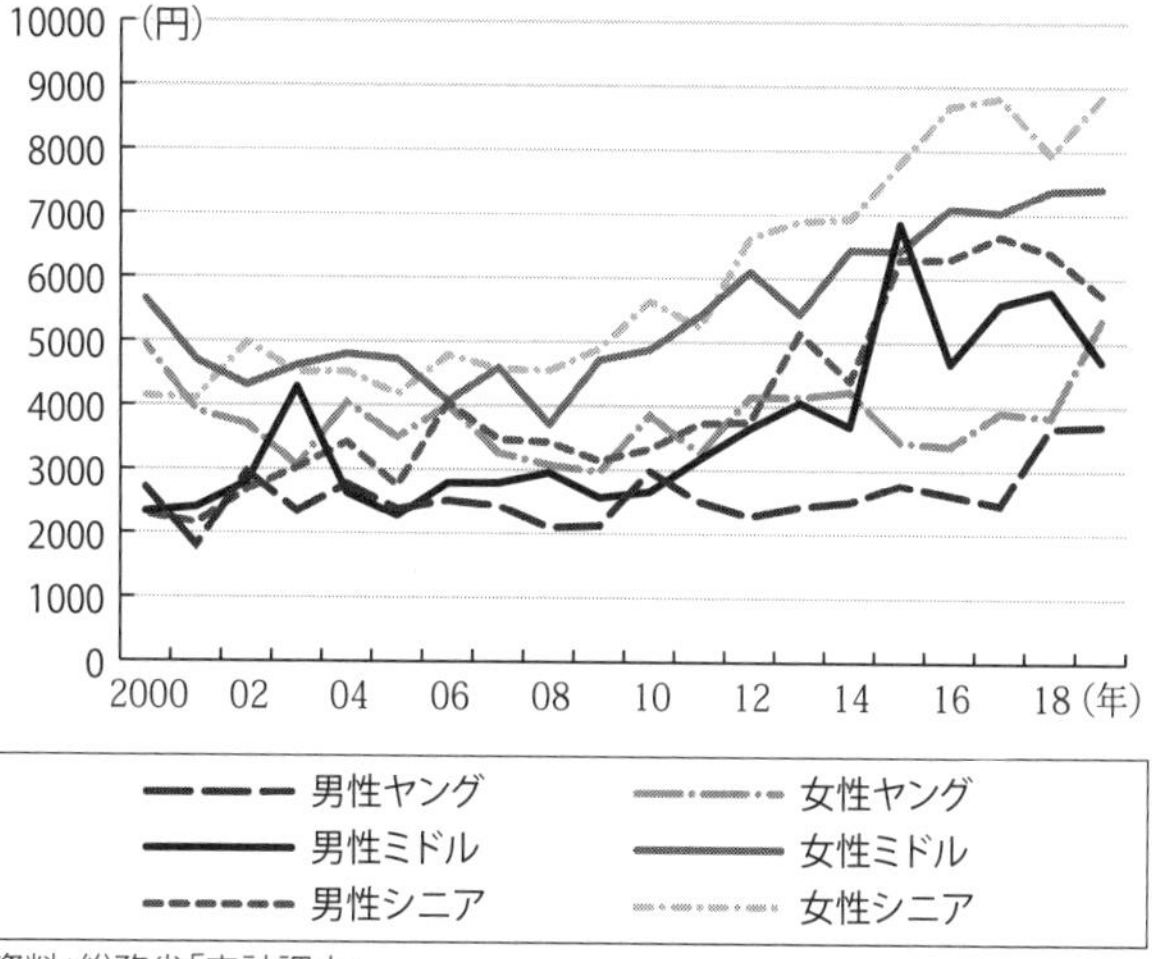

資料：総務省「家計調査」

りと、腸の健康が重視される時代のせいか、「チーズ」や「ヨーグルト」の支出が増えている。

女性では各世代ともチーズの消費が伸びており、2000年から19年でほぼ2倍である（**図表4-14**）。男性も2倍に伸びているが支出額は女性の半分程度である。

ヨーグルトも同様で、女性のほうが男性より多く、特に女性シニアと女性ミドルで7000〜8000円台と支出が多い（**図表4-15**）。

男性もヨーグルトについてはシニアやミドルでは5000円前後使ってい

る。やはり男性ヤングは支出が少ないが、それでも19年は3702円まで増えてきている。10年の男性シニア並みである。男性ヤングでも健康を考える時代になったのだ。腸の健康が大事だという最近の情報の影響も大きいだろう。

ドレッシングやだしで味にこだわる

「マヨネーズ・ドレッシング」は男性の各年齢で伸びている。金額も女性とそれほど変わらない。生鮮野菜・果物が減少している割にはマヨネーズ・ドレッシングが増えているのは少し解せないが、従来の男性は塩とこしょうと油くらいで済ませていたサラダを、ちゃんとマヨネーズ・ドレッシングをかけて食べるようになったのであろう。マヨネーズ・ドレッシングの種類がきわめて豊富になったことも、もちろん影響している。

またマヨネーズ・ドレッシングが伸びているのに、「調理済みのサラダ」も伸びている（図表4-16）。最近はサラダにハム、パンなどを混ぜたものが増えて、いわば主食として食べられることも多い。そのため単価が上がっているのだろう。

「乾燥スープ」の支出も男性各世代での伸びが順調であり、特に男性シニアでは近年20

図表4-16　サラダの消費支出の推移

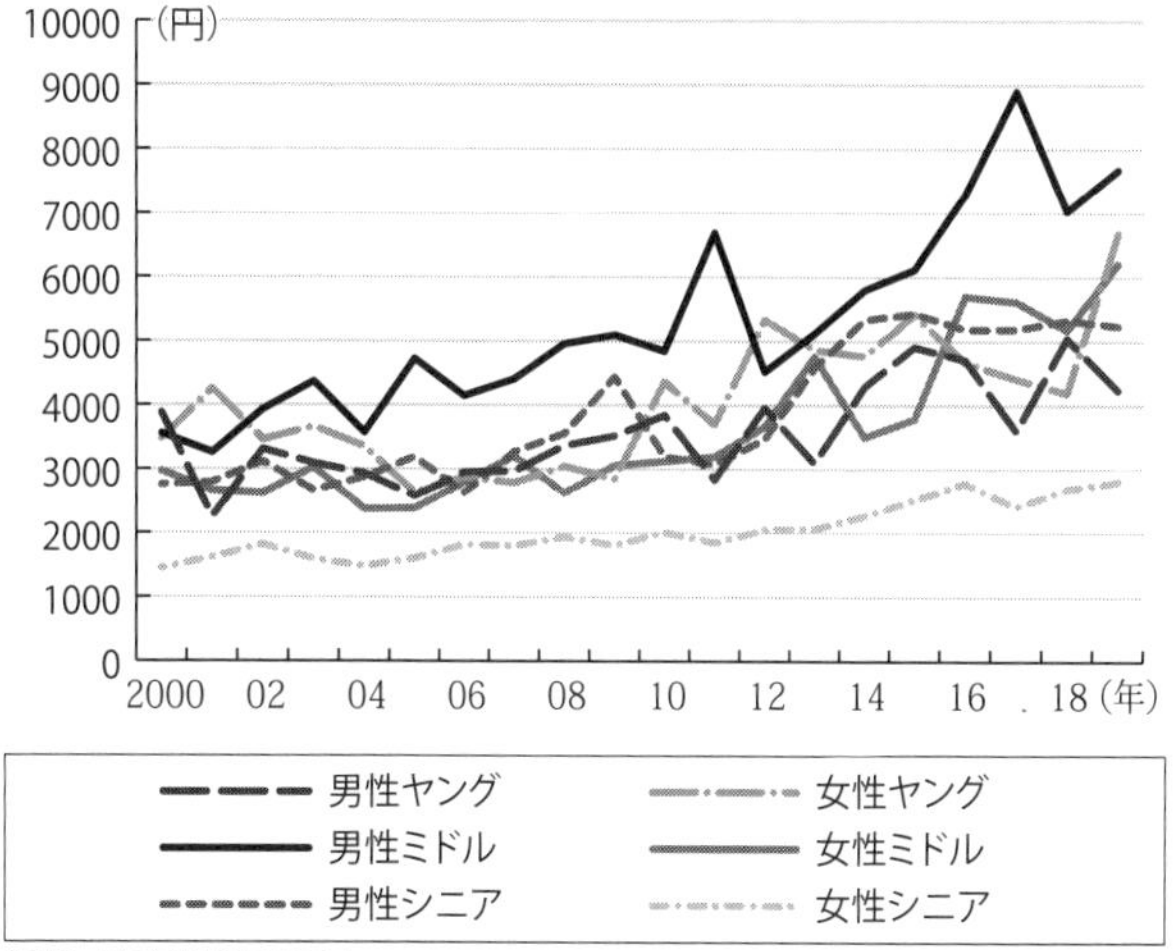

資料：総務省「家計調査」

００～３０００円台であり、女性シニアより支出が多い（図表４－17）。女性は自分でスープを手作りする人が多いからだが、それにしても男性がスープにこだわる時代になったのだ。

　同じような理由で「つゆ・たれ」の支出も男性シニアの支出は女性シニアよりも多く、男性ヤングも女性ヤング並み。男性ミドルも伸びは大きく、女性ミドルに近々追いつきそうである。

　これも新しい商品がたくさん発売されたことも影響しているし、和食ブームの影響もあるだろう。最近は若い男性でもかつおぶしや昆布などからだし

図表4-17　乾燥スープの消費支出の推移

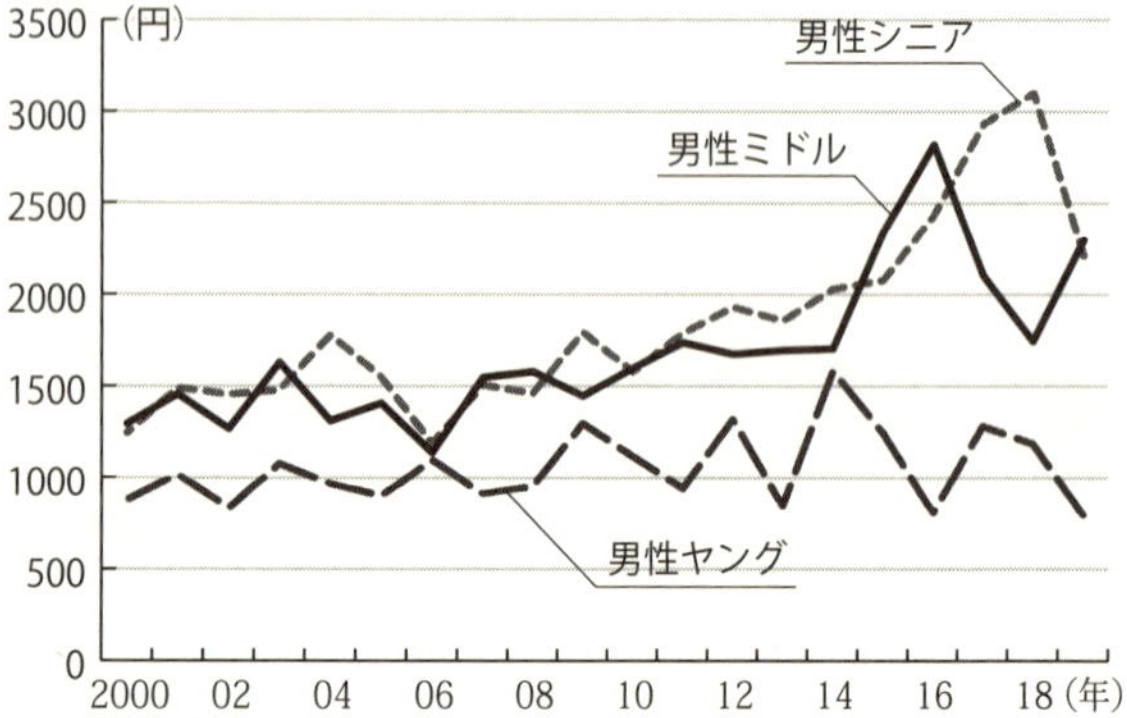

資料：総務省「家計調査」

を取る人が増えているようである。よりおいしい味にこだわる男性が増えてきたのである。

少ない洋服をクリーニングに出さず高級洗剤で洗う

食品以外の分野の支出を見てみよう。

まず注目すべきは女性ミドルにおける「洗濯用洗剤」の伸びである（図表４－18）。洗濯用洗剤は全世代の男性、女性ヤングでも伸びている。洋服にかけるお金を減らし、いまある服を着こなし、クリーニングにも出さず（男女全世代の減少傾向である）、自分で洗う人が増えているということであろう（図表４－19）。あるいはより安いクリーニング店を選んでいることや、洗濯

図表4-18　洗濯用洗剤の消費支出の推移

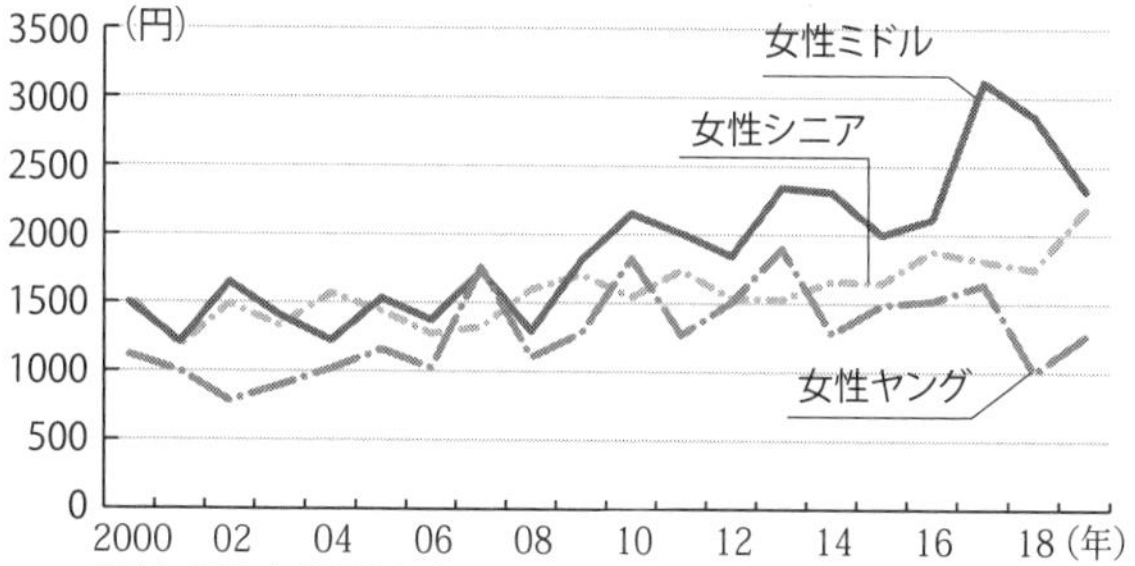

資料：総務省「家計調査」

機の高機能化によりクリーニングが不要になっていることも、クリーニング費を減らしているかもしれない。

また最近、百貨店やセレクトショップなどで、ウール専用、デニム専用などの1本4000円近い洗剤が売られていて、けっこう人気らしい。そのことが洗剤の単価を上げていることも考えられる。1本4000円でも1回あたり40円ならクリーニングに出すよりははるかに安い。特に女性がよく着るカシミヤはクリーニングに出すと高額だから、自分で高級洗剤で洗ったほうがいいわけだ。

柔軟仕上げ剤、芳香・消臭剤が増加

また男女各世代とも「他の家事用消耗品」が増えている。他の家事用消耗品とは、ポリ袋・ラップ、殺虫・防

図表4-19　洗濯代の消費支出の推移

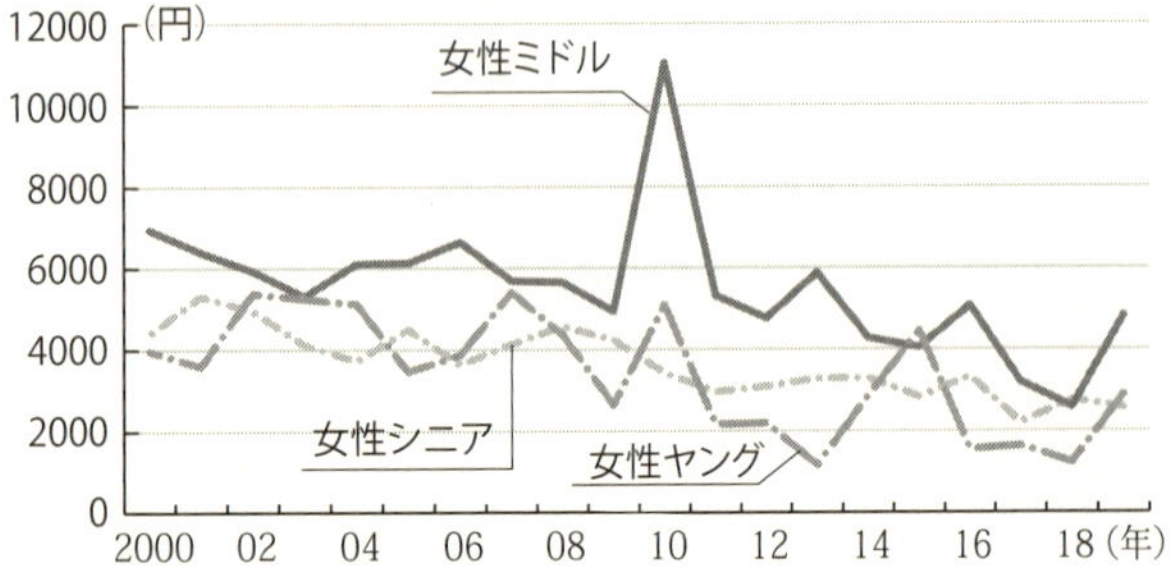

資料：総務省「家計調査」

虫剤、柔軟仕上げ剤、芳香・消臭剤、防湿・除湿剤などであり、近年のトレンドからいって柔軟仕上げ剤、芳香・消臭剤の普及が支出の増加に影響したのであろう。柔軟仕上げ剤の増加だとすれば，先ほどのクリーニングの減少と高級洗剤の増加とも対応する。

セルフケアする男性シングル

男性で支出の伸びが大きいのは保健医療関係である。特に男性ミドルの伸びが大きい。近年は年間８万円に近づいており、19年の男性シニアも10万２６３６円、女性ミドルも11万４７３７円と額が大きい。

ひとりで暮らすということは病気になってもケガをしても誰も面倒を見てくれない、ケアしてくれないということである。だから何かあったら自分で自分をケアしないといけない。だから、セルフケアのための商品、ビジネスが必要になるのだ。

女性はもともと男性よりも健康管理に熱心であり、シングルでなくても保健医療関係にお金をかけてきたが、男性もシングルが増えると健康管理が必須になるのである。

男性の保健医療費の中でも特に増加しているのは「他の医薬品」である。他の医薬品とは、精神安定剤、睡眠薬、神経痛薬、鎮痛剤、駆虫薬、便秘薬、下剤、緩下剤、皮膚病・鼻炎用の飲み薬、せき止めなどであり、胃腸薬とビタミン剤以外の医薬品全般と考えてよい。

男性ミドルの保健医療サービス支出が増える

男性シニアが医薬品に多くを支出するのに対して、男性ミドルは保健医療サービスへの支出が増加しており、男性シニアを追い抜き始めている。

保健医療サービスとは、医科診療代、歯科診療代、整骨（接骨）・鍼灸院治療代、マッサージ料金、人間ドックなどである。

特に男性ミドルでは、マッサージ費が急増している（図表4-20）。他の男女のどの世代

図表4-20　マッサージ費の消費支出の推移

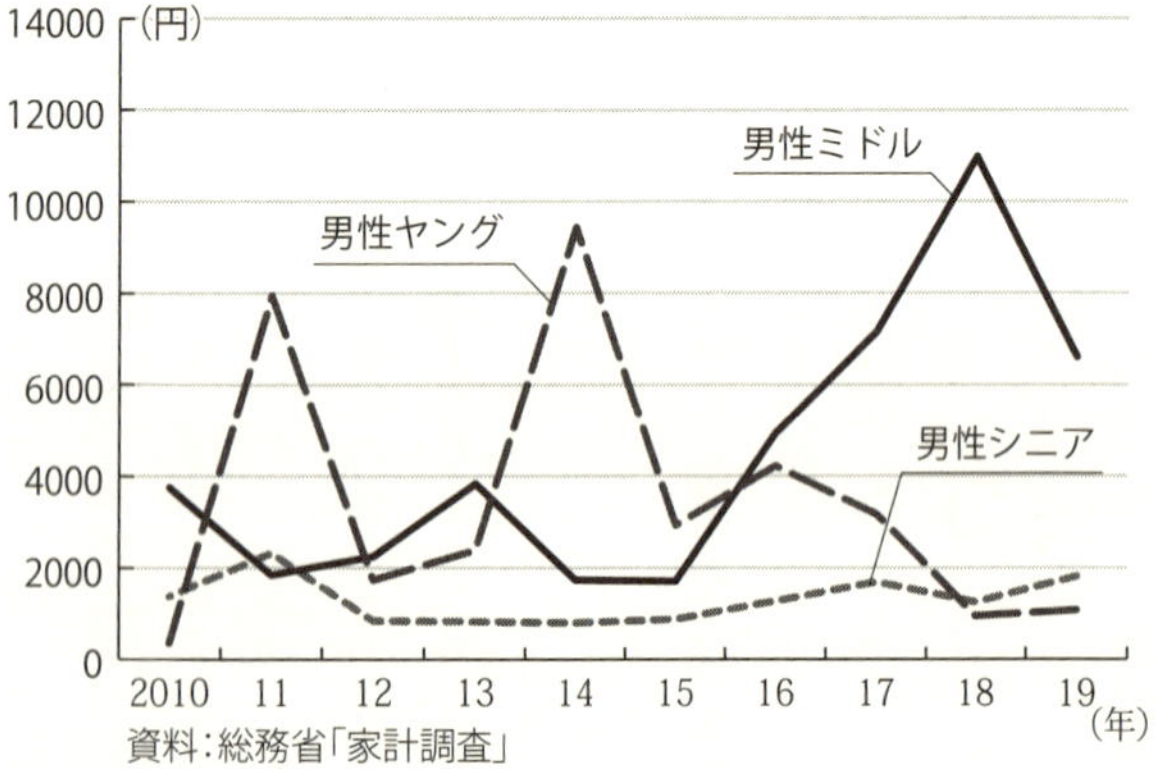

資料：総務省「家計調査」

図表4-21　健康保持用摂取品の消費支出の推移

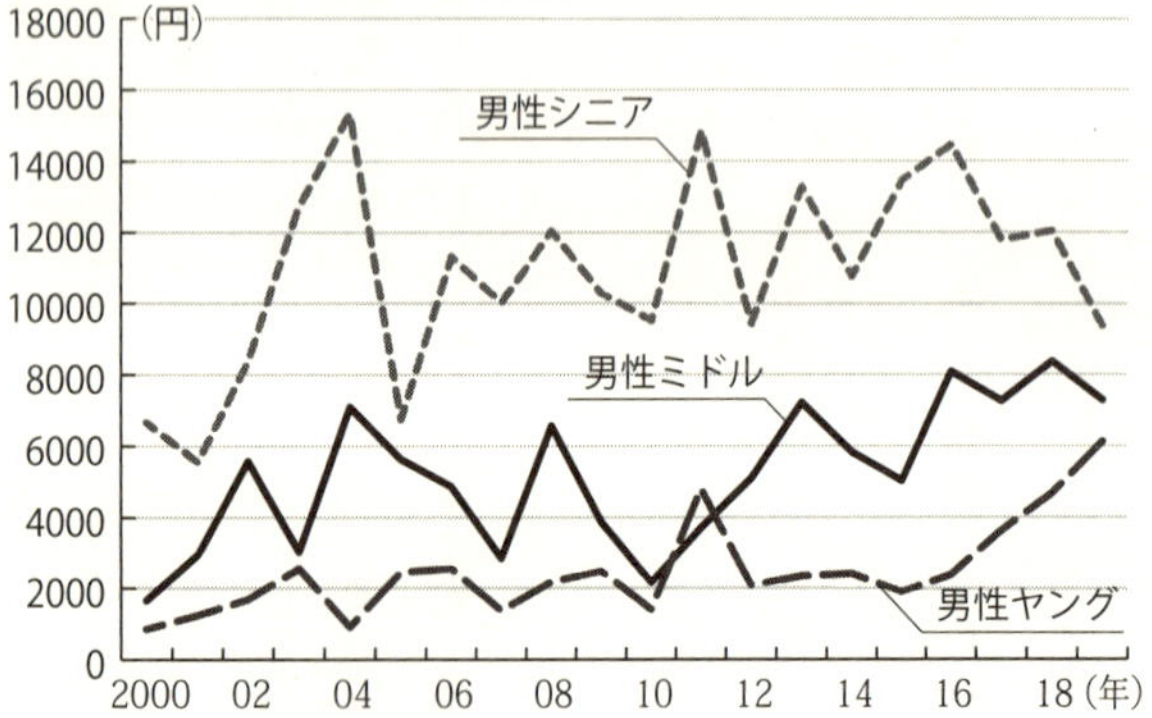

資料：総務省「家計調査」

でも横ばい気味なのに、男性ミドルだけが伸び、男性シニアを大きく引き離しているのである。駅ナカ、駅近などに気軽に仕事の合間でも入ることができるマッサージ店が増えたためだと思われる。

「健康保持用摂取品」も男性ミドル、ヤングを中心に増加している（図表４－21）。健康保持用摂取品とは八つ目うなぎ・まむし（乾燥粉末）・スッポン（乾燥粉末）加工食品、熊笹、アロエ、ケール、クコなどの粉末、青汁、朝鮮人参、梅エキス食品、プルーンエキス食品など、いわゆる健康食品である。２０１９年では男性ヤングも04年ごろの男性ミドル並みに健康保持用摂取品を買っている。健康志向の前倒し現象が起こっているのである。

男性ミドル、理美容関連の支出も伸び

男性ミドルは理美容関連の支出も伸びている。特に伸びているのはシャンプーと歯ブラシである。男性ヤングほどではないが、かなり支出が増えている。

髪と歯は目立つところなので、男性ミドルとしても女性に嫌われないように気を配るのである。もちろんまだまだ結婚する気があるからだ。

シャンプーも昔はトニックシャンプーとサクセスくらいしかなかったが、今は育毛、発毛などの機能性シャンプーが増えており、高額でも売れている。歯ブラシも商品点数が非常に増え、高額なものも増えている。

また中高年の加齢臭も話題になっており、髪や歯が清潔であることが男性ミドルの課題になっているのであろう。

増大する男性ミドルのケア市場に対応せよ

このように単身世帯の支出は、食関連以外でも健康関連を中心に伸びている。まさにこれは単身世帯の増加に伴うセルフケア市場の拡大を示している。

年金の支給が今後遅れていき、氷河期世代はおそらく70歳までは年金がもらえないようになるだろう。70歳定年、75歳から年金支給になる可能性も高い。まだあと30年も働くのである。

だからますます健康志向が高まり、40代からではなく、30代のうちから健康管理をする、体力を高めるという志向性が強まっていくのである。

従来は、結婚していれば男性の健康管理は妻がケアしてくれた。だが単身世帯の男性は、自分で自分の心配をして、健康管理とケアを日常的にしなければならない。女性はもともと自分のヘルスケア、ビューティーケアには熱心だから、単身だからといって特別消費が増えるわけではない。だが今後は、新たに増大している、特に氷河期世代の男性ミドルの単身者のニーズに応えていくことが企業にとってたいへん重要である。

まとめ

このように単身世帯の消費を見てくると、以下のようにまとめられる。

1．氷河期世代の加齢により、２０３０年までは35～59歳のミドルの単身者が多いが、その後60歳以上のシニアの単身者が増加し、男性シニア単身者は20年から40年で5割増加する。**氷河期世代の今後に注目する必要がある。**

2．現在のシニアで伸びている品目の支出額は、20年前のミドルの支出額と同額であることも多いことから、ミドルからシニアになる過程でも消費の傾向がかなり維持されていることがわかる。シニアにはシニア向けの商品を作るというだけでなく、**ミドル時代の生活**

のまま変わらないということにも注意すべきである。

3．男女年齢別の年収階級はわからないが、過去20年で伸びた消費は、主に消費力の強い男女ミドルの年収上位階級が団塊世代から氷河期世代に変わる過程での変化によるものが多いはずである。男性ミドルではサラダ、ヨーグルト、チーズ、保健医療費（特に歯科診療代など保健医療サービス、健康保持用摂取品）、スポーツ月謝、女性ミドルではスポーツ観覧料、スポーツ月謝、音楽月謝など、主として28ページで見た**予防型ケア消費が過去20年で5割から2倍以上伸びている**。

4．ヤングでもしばしば健康志向（ヘルスケア）が強まり男性ヤングでも美容志向（ビューティーケア）が強まっている。20年前はシニア中心だった健康消費がミドルにまで下りてきたり、ミドル中心だった健康・美容消費がヤングにまで下りてきたりするなど前倒し傾向が強まっているのである。しかしヤングでもそれらの傾向は年収上位階級に強いものと思われる。**こうしたことから、今後はセルフケア消費ができる人とできない人の格差が若いうちから広がるのではないかと思われる。**

あとがきにかえて

予測と提言〜消費と都市の観点から

ポスト・コロナ、あるいはウィズ・コロナと呼ばれるこれからの社会は、大きく変化すると言われる。その影響はあまりにも甚大かつ多岐にわたるが、最後に私の関心のある分野だけについて、私なりの予測と提言をしておきたい。

1　「日本郊外改造計画」を進めよ！

在宅勤務で生産性10倍

序章でも書いたように、コロナによって拡大した在宅勤務（テレワーク、リモートワーク）は今後の働き方の一つの標準として定着するだろう。今回在宅勤務を経験した大都市圏の人々は、再び満員電車に詰め込まれて通勤するのを拒否し、2割くらいは在宅を希望するだろうし、3〜5年後くらいには、これまで都心に勤務していた人の3割が完全在宅（週に1度程度だけ出社）、3割が部分的在宅（業務に応じて在宅）といったことになるのではないか。

私はこれまで郊外研究の流れの中で、都心に人口を奪われてきた郊外に若い人口を取り戻すには、郊外をワーカブルにするという提案を過去数年してきた。

ワーカブルというのは、働きやすい、働くのが楽しい、仕事に行き詰まったときリフレッシュしやすい、仕事のアイデアが生まれやすい、仕事が終わったら軽く一杯行ける店もある、つまり郊外を小さな都市にしていくといった意味である。

もちろん効率性についても、エン・ジャパンの2019年のアンケート調査によると、在宅勤務経験者が今後も在宅をしたいと考える理由の1位は通勤ストレスがないことで71%、生産性の向上が45%、人間関係のストレスがなくなるが33%、家事や育児などの時間が取れるが28%だった（男女差があると思うが）。各種ストレスがなくなれば、それだけでも生産性が向上する。無駄な会議も減るだろうし、自分のペースで仕事をすれば効率が良くなるのは当然である。

私は20年前に、インターネットと携帯電話があれば独立できると思い脱サラしたが、最高のメリットは会議がないこと、上司への説明・根回しの時間がないことであった。ひとりで働いてひとりですべて決めると、会社より生産性は10倍上がった。会社では1週間に2時間でいいからひとりで考える時間をくれと思っていたが、独立すればいつどこでも好きなように考える時間がとれた。会社では達成できなかったノルマに相当する売り上げを2年目から達成できた。会社は無駄でできているのだ。

そしてデメリットは仕事帰りに一緒に飲みに行く人がいないことである。やはり仕事の後には街のどこかで一杯ひっかけて、そこで常連と軽くおしゃべりという場所も必要である。

在宅勤務を増やして給料を上げよ

会社としては、できるだけ多くの社員をできるだけ早く在宅勤務に変えたほうが勝ちだ。日本電産の永守重信会長も日本経済新聞のインタビューの中で、「コロナ終息後は全く違った景色になる。テレワークをどんどん取り入れる劇的な変化が起きる。東京都内の会社に勤める人が山梨県に仕事部屋のある家を建てるようなケースが増えるだろう。企業は通勤手当をなくす代わりに給与を上げるほか、サテライトオフィスを作るなど抜本的に環境を改善すべきだ」と述べている。

これまでテレワークを導入してきた企業には、オフィス賃料と通勤手当を下げても社員の給与は上げないところが多かった。それはおかしいと私は思っていた。しかし永守さんのような名経営者がこう言い出したので、まさに我が意を得たりだ。在宅勤務すれば電気も水道もトイレットペーパーも余計に使うわけで、そのぶん給与を上げないとおかしいのである。

ところが世の中にはケチな会社があって、社員が自宅でちゃんと机の前にいるかをオンライン上でチェックするというのだ。ネット監視社会である。馬鹿である。そういう異常な管理は生産性を高めたりしないし、新しいアイデアを生まないのだ。

新時代の郊外庭付き一戸建て

在宅勤務の増加は郊外に大きな転換を要求する。先述したようにワーカブルであることが求められる。要求に応えない郊外住宅地は完全に没落する。さようなら。

郊外に住むなら、100坪（330㎡）くらいの庭付き一戸建てがいいなと思う人がおそらく増えるだろう。なぜなら、今回のコロナ騒動では、子どもの学校が閉鎖されたために、在宅勤務をすると家に子どももいたからである。庭に緑があると癒やされるという人も多かった。

今までは都心通勤を考えて郊外でも駅近マンションを選んだ。だが、「コロナは怖いが外にも出たい」ということで公園に行くと、結構高密度で困ったということもあった。学校閉鎖でなくても、夏休み、春休みなどに子どもはいる。そのとき、広い庭のある家なら、公園まで行かなくても遊べる。家庭菜園もできる。そういう暮らしを求める人が増えるだろう。

5LDK以上あって、夫妻がそれぞれ仕事部屋を持てる。思い切って秩父や鳩山ニュータウンくらいまで行けば、1000万円でそういう広々とした家を中古で買ってリノベできる。

全室ネット環境完備でカフェもある住宅

私は10年以上前にアメリカの最新の住宅地を視察したが、全室にＬＡＮが配備されていた。今なら全室Ｗｉ－Ｆｉ完備ということだ。日本でも家庭でＷｉ－Ｆｉ環境を整備するのに補助金を出すべきである。学校閉鎖でオンライン授業といっても、自宅に十分なＷｉ－Ｆｉ環境がないしパソコンもない学生も多いそうではないか。スマホでは黒板が見えない。国を挙げて緊急に整備すべきである。

アメリカの最新住宅には、階段を上がったところに数平方メートルのスペースがあり、「ｃａｆé（カフェ）」と名づけられていたものがあった。自室で仕事をしていて、ちょっと一休みというときに、部屋を出てコーヒーでも飲むのだろう。あるいは親子が会話するときにも、それぞれの個室の中よりも心理的に都合がよいのかもしれない。

「日本郊外改造計画」をぶち上げろ！

とはいえ、在宅では集中して仕事ができないという人も多い。でもカフェでは不安なので、駅前にも住宅地内にもリモートオフィス、シェアオフィスなどを整備すべきである。空き家や空き店舗を使ってもよいのである。

第一種低層住居専用地域だからオフィスはつくれないなどと頭の固いことを言っていてはいけない。ニュータウンは家から駅前まで遠い。自宅では働きたくないが、駅前で働きたくもなく、緑の中で働きたい人もいるのである。

23区内なら、ぼろい4畳半のアパートがたくさん空いているから、そこを安く借りてリモートオフィスにする手もある。私も脱サラ最初の年は6畳一間のトイレ共同の下宿だった。

だが、ニュータウンにぼろい4畳半はない。普通の戸建てや団地を使わないといけない。URなどの団地は空き部屋だらけなのだから、そこをオフィスで使えるようにすればよいのだ。

そしてランチや休憩のために住宅地内に飲食店を増やす、屋台を増やすということが必要だ。空き店舗だらけの商店街にも事務所を入れられるようにする（現状では、商店街には商店はテナントで入れるが事務所は入れないのだ！）。

シェアオフィスに詳しい、リノベーション業界の中心人物・馬場正尊氏の話によると、今シェアオフィスで働きたい若い世代は、オフィスにキッチンが付属していることを好むという。コーヒーをいれたり、ランチを作ったり、それを人に振る舞ったり、そこでちょっと会話をしたりして他の人とコミュニケーションができるからである。だから、郊外の住宅地の中にシェアキッチンがあってもよいのだ。

だが、こういう改革は今の石頭のURではうまくいかないだろう。何十年も議論ばかりして、ほとんど現実は進まない。まさに生産性の低い企業の代表である。どんどん団地を民間に払い下げたほうがよい。UR民営化は郵政民営化よりも経済効果、郊外資産活用効果、新規ライフスタイル創出効果は絶大である（関係ないが、郵政民営化をして郵便局のサービスが改善されたと感じる人はほぼ皆無だろう。おかしな金融商品の勧誘をされて迷惑した人が増えただけだ）。

これまで述べてきたことは、もちろん地方創生にとっても当てはまることである。大都市と地方で2地域居住をして、仕事をしてもいいのである。

国土交通大臣はそういう施策を打ち出し実現すべきである。「日本郊外改造計画」をぶち上げる田中角栄みたいな人よ、出てこい！

2 寄生地主の権益を見直せ！

2050年の日本がやってきた？

コロナが終息したとき、いったい日本から何軒の飲食店が消えているのだろう。飲食店に限らず、どれだけの店がなくなっているのか。地震や津波で破壊されるのもつらいが、本来人がいるのに客が来なくなって、店のせいではないのに営業が成り立たなくなるという経験は歴史的にもかなり珍しいだろうし、そんなこと、私は想像をしたこともなかった。

たとえば今後、コロナがなくても人口が減れば店も減る、大型店が残り古い個人店は消えていく、ということは誰もが想定していた。いや、大型店も減るかもしれず、ネット通販だけが生き残るだろうと誰もが感じていた。

それでもなお、商店が衰退するのは地方のことであり、東京ではなかなかそうならないだろうと高をくっていた人も多いだろう。

だから、東京で休業中の店が並ぶ商店街や夜の暗い街角を見ると、人口が毎年平均90万人減るという2030年代、40年代を経て、2050年にはこういう風景が東京でも当たり前に広がっているのだろうと、私は感じた。

素晴らしい個人店を守れ

感傷的な文章はこのくらいにしておくとして、あらためて私が思うのは土地、家賃というものの残酷さである。多くの店（テナント）が、日銭商売の自転車操業をしており、客足が止まれば売り上げは激減し、まず家賃が払えなくなって廃業するのだ。

オーナーのほうも大変なのだという報道も見たが、そうだろうか。自分で買った土地に自分でビルを建て、テナントを入れて長らく地元に貢献してきたというのなら同情もするが、テレビ報道で見る限り、投資のためにビルを買ったオーナー（個人か会社か、リートか何かは知らない）が、家賃が入らないと銀行に借金を返せないという事例が多かった。

だが投資をしてもうけようと思ったのだから株と同じで、暴落して損をしても自己責任である。だれも損失を補填してくれなくて当然ではないか。

経済産業省の統計によると、飲食店数は1991年から2016年にかけて、チェーン店の増加により店舗数は減少したが従業員数は増加してきた。店舗の減少には古い個人店の廃業もあるから、比較的新しい店舗については増加してきた。にもかかわらず外食産業の市場規模は横ばいないし減少なのだから、明らかに人口減少に比して店が多すぎるのである（オーバーストア）。しかもモノが売れない時代に、新規参入者は物販店ではなく飲食・サービス業に流れてきた。出店希望が多いから家賃は上がる。結果、多すぎる新しい店が高い家賃で過当競争をし、値段はデフレで利益を圧迫してきたのだ。

この状況ではテナントに家賃を払えというのは無理だ。ビルオーナーは家賃を下げたり、3カ月くらい免除したりしてテナントを守り、地主もオーナーも銀行もテナントもコロナ終息後に一緒に損失を取り戻そうというのが本筋であろう。

そもそも繁華街は家賃が高すぎる。地価が高いというより、家賃が高すぎる。都心から少し離れた街の歓楽街でも、地主は2、3人、それを借地権で買ってテナントに貸している地権者が100人（社）近く、店を借りるのは200軒ということになるらしい。

さらに物件の転貸が当然である。地権者から直でテナントに貸すのではなく、転貸を何度も繰り返して物件が転がされ、地主に払う家賃の何倍もの金額をテナントは払うことも普通にある。途中途中で自分は何もしないでもうけている業者がいるし、地主は何もしないでも地代が入る「寄生地主」というわけだ。テナントが出ていっても地権者（今ふうに言うと投資会社）が地代を払うから、地主には損失がない。

高い家賃を払うべく、店は必死で働いて良い店を作り、客がたくさん集まる。すると固定資産税が上がるので地主は地代を上げ、地権者は家賃を上げる。結果、店の負担が増える、古くからある地元の店が消える、という地獄のようなスパイラルがある。だから最終家賃は元の地代の何倍までと制限すべきだと、ある飲食業者はずっと嘆いている。

この問題は銀座でも新宿でも吉祥寺でももっと小さな繁華街でも、本質的に同じである。

寄生地主がもうけすぎ

ゆえに、コロナ下では、テナント料支払いを猶予した地主の固定資産税を減免するのがテナント存続に効果的という説もある。この点については国会でもずっと議論されているので本書が刊行される頃には何らかの施策が打たれているかもしれない。

コロナがなくても家賃を下げてほしい店はもともと多いが、オーナーは嫌なら出ていけという態度が普通である。コロナ前は出店意欲が旺盛な事業者が多かったからである。常連しか来ない「街中華」が退店して流行のタピオカ屋が入るほうが嬉しいオーナーは無数にいる。コロナ後は大手チェーンの出店意欲も下がるだろうから、状況が変わるかもしれないが、個人店の意欲のほうがもっと下がるだろう。それが問題である。

こういう土地本位制（と言うのか何と言うのか知らないが）とも言うべき仕組みは、他にもいろいろなところで問題を起こしている。しかも地主の多くが地方議会の議員である。駅前再開発も道路拡張も地主議員に利益を誘導し、必要のない道路ができ、画一的な駅前ができる。大手チェーン店だけが増える。

また飲食業は個人店も多く、経団連などにほとんど加盟しておらず、中央省庁・政治家への影響力が弱いことも政府の対応を遅らせた。過去15年ほとんど株価が上昇していない重厚長大の古い企業が今も経団連の中枢であることも、この際問題視したほうがよい。

都心がつまらなくなり、郊外や地方が面白くなる

街を面白くするのは、最初は名もなく貧しく意欲と才能がある人々である。飲食店、商店、デザイナー、アーティストなどなど、彼らが活躍するには古くて安い家賃の家や店が必要である。彼らの中から次のスターが生まれるのだ。都心の家賃が上がりすぎれば、その時代時代の流行で売れるだけの一過的な商売だけが街に増える。それでは街に個性がなくなる。世界中どこにでもある似たような街、世界中に同じテナントが入る空港のショッピングモールのようになる。

本当に面白い、個性的な、生きた街をつくりたいなら、家賃は抑制されるべきであり、むやみに新しいビルをつくるべきではない。

だが都心部がコロナ後もそういう不動産開発を続けるなら、才能ある人々がこぞって都心を離れ、より外縁部へ、郊外へ、あるいは地方へと流出するだろう。

また、前著で述べたように、郊外でも主要駅前集中型の再開発は時代遅れとなり、各駅分散型のまちづくりが求められるだろう（拙著『首都圏大予測』参照）。

大事なのは面白い街がどこかにたくさん存在すること、生まれることであり、都心や駅前が永遠に発展することではない。

ただし、場所が郊外や地方に移動しても同じことは起こる。今の郊外でも家賃負担が重いと思って店をやっている人はいる。そこに新しい店が増えれば家賃が上がり、商売できなくなる人が増え、チェーン店が増える。

だからこれから必要なのは、これまでの不動産業的なものではない、新しいファイナンス、新しいお金の流れ方をつくることかもしれない。

3　オンライン大学で格差をなくせ!

日本中どこでも同じ授業が受けられるように

郊外に住んで、あるいは大都市と地方で2地域居住をして、心配なのは子どもの教育である。大都市に住まないと偏差値の高い中学高校に行けない、そうすると一流大学に行けない、と親は心配する。

だが、大学教育もどんどんオンラインにすればいいのである。一流と言われる大学ほどそうすればよい。事実、有名予備校はとっくの昔からオンラインで授業をしている。東大も一橋も早慶上智も、国立を中心に、一流、有名という大学ほどオンライン講義をして、国民誰でも聴けるようにすればいいのである。もちろんパソコンを買えない家庭には無料で支給する。

そうすれば地方にいる優秀な子どもが、東京で暮らす経済力のない家庭の子どもであったとしても、地元にいながら「進学」できる。このことは私は『下流社会』ですでに書いた。

このたびのコロナ騒動でも、せっかく東京の大学に進学して学生寮に入ったが、寮はクラスター感染しやすいので田舎に戻らされたとか、新入生たちのいろいろな苦労をテレビで見た。バイトがなくなり、あるいは親の収入が減って学費が払えなくなり、大学生・専門学校生の20％は退学を検討しているという情報もある。おそらく、そういう学生はそうでない学生より貧しい家庭の出身に違いない。

もちろん、大学進学を機に親元を離れる意味、東京で暮らす意味、多様な同級生と知り合う意味はとてもある。が、それは、オンラインで授業を受ける制度がなくてもいいという理由にはならない。両方あったほうがいいに決まっている。地元で生活費をかけないで済めば、学費だけなら払える人はたくさんいる。特に国公立ならそうだ。

留学生を増やすために9月入学制度の導入が急に議論されているが、それよりオンライン化のほうが急務である。留学も、そのうちオンラインでできるようになるはずだ。

誰でもネットカフェで大学の授業が受けられてもいいはず

私はそもそも文部科学省は必要なのかずっと疑っている。入試制度のチマチマした改革（と呼べるのか?）をしては高校生に嫌がられているし、むしろ偏差値教育を助長していると思うし、君が代とか日の丸とかには熱心だが、教育の格差解消には熱心だとは思えないし、そのための情報化にも、まあ熱心でないとは言えないが、あまり成果が見られない。

文科省がなくて、教育を自由化しても、読み書きそろばんを教えない学校はまずないだろう。ゆとり教育よりは熱心に教えるだろう。基本的な道徳も教えるだろう。英語もどんどん教えるだろう。偏った教育をする学校には入学者が少なくなるはずだし、特に問題は起こらないと思う（文科省は予算要求だけしてくれればよい。今より予算をぶんどれるなら）。

繰り返すが、今やるべきは小中高はもちろん、主要大学、特に国立大におけるオンライン授業の急速な普及と公開なのである。実地が必要な講義を除いてすべての講義をオンラインで聴けるようにする。中学生、高校生、専門学校生、ビジネスパーソン、主婦、非正規雇用者、フリーター、定年後の高齢者、誰でも聴ける。家にパソコンもネット環境もない人のために学校図書館、公立図書館では必ず見られるようにする。ネットカフェでも見られる。もちろんスマホでもＯＫ。

講義１回５００円（高校生以下は無料）。年間30コマで１万５０００円。３０００人が10講義聴けば４・５億円が大学に入り、その資金は学生の支援に回す。

どの大学を卒業したかより、どんな単位を取ったかが大事

だいたい、たった一度の入試で受かるかどうかは人間の能力にあまり関係ない。入試で失敗しても、勉強したい人にはしてもらうほうがよい。

早稲田大や明治大に入ったが北大に受けたい授業がある場合もあるし、京大に入ったが

武蔵野美術大学に受けたい授業がある場合もある。慶応大文学部に入ったが、同志社大理工学部の授業を聴きたいこともある。それを全部可能にする（できれば世界中の大学のほうがよい）。

こうして単位互換性を進めて、日本中の大学のどの授業をオンラインで受けても単位がもらえるようにする。一定単位数を取れば学位を与える。

また集めた単位を履歴書に記入すれば、気の利いた会社はそれを見て採用の参考にするだろう。どの授業にどんな意味があるかは、きっとリクルートやベネッセのような会社がランキングなり指標なりをつくるだろう。東大卒の肩書よりも、どんな授業の単位を取ったかが重視されたほうがよくないだろうか。

生の授業のオンライン中継である必要はない。録画でよい。そのほうがオンデマンドでいつでも見られる。昼間働いている人が夜も見られる。退職した教授の昔の名講義も録画してあれば見られる。社会学者の見田宗介さんの40年前の講義が録画で見られるなら私はぜひひとも見たい。それで単位も取れたら最高である。それで何か問題があるだろうか。

教授たちは、今は山のような雑務に辟易としているが、録画で講義を済ませられれば研究時間を増やせる。ゼミでの親密な教育に力を入れられる。サバティカル（研究休暇）中も録画で授業を流せる。

「知」は広く万民に公開されるべきだ

大学には教室や講堂があまり要らなくなる。余った場所は、それこそシェアオフィスにして貸し出してリモートワークのビジネスパーソンが使えばよい。ビジネスパーソン予備校である一橋大の空いた教室がシェアオフィスになって、暇な時間に授業も受けられたり、シェアオフィスワーカーは無料でオンライン授業を見られたりする仕組みがあったら、彼らは喜ぶだろう。

空いた建物を改修して、高齢者施設、保育施設にしてもよい。保育学科や福祉学科のある大学の中に保育園や学童保育や老人ホームやリハビリ施設を入れてはどうか。

そういうのはダメなのか。別に問題ないと思うが。そのほうが便利だと思うが。どうしてできないのだろう。今の政治家が勉強嫌いでマンガ好きの3代目のボンボンばかりだからだろうか（3代目の政治家は禁止したほうがよい）。それとも東大出の官僚たちが東大の授業を独占したいからだろうか。
だが「知」は広く万民に公開されるべきではないか。

調査概要

mifベーシック調査（2019）

（1）調査内容

- 生活価値観、消費価値観や社会変化に対する認識
- 食等、19分野のライフスタイル
- 商品・サービスの購入・利用　等約2000問

（2）調査方法

- 調査対象：調査会社の保有するモニターパネル登録者の全国20〜69歳・男女
- 実施時期：2019年６月
- 調査手法：WEB調査
- 有効回答者数：30,000名

チャート作成：谷口正孝
章扉写真：序章、第１章、第２章　朝日新聞社
　　　　　第３章、第４章　嶋田洋平

三浦　展 みうら・あつし
1958年生まれ。82年、パルコ入社。86年からマーケティング誌「アクロス」編集長。三菱総合研究所を経て99年、カルチャースタディーズ研究所設立。消費社会研究家として消費・都市・社会を予測、大手企業や都市・住宅政策などへの助言を行う。『下流社会』『第四の消費』『首都圏大予測 これから伸びるのはクリエイティブ・サバーブだ！』など著書多数。

朝日新書
771

コロナが加速《かそく》する格差消費《かくさしょうひ》

分断される階層の真実

2020年6月30日第1刷発行

著者　三浦　展

発行者　三宮博信
カバーデザイン　アンスガー・フォルマー　田嶋佳子
印刷所　凸版印刷株式会社
発行所　朝日新聞出版
〒104-8011　東京都中央区築地5-3-2
電話　03-5541-8832（編集）
　　　03-5540-7793（販売）

Published in Japan by Asahi Shimbun Publications Inc.
ISBN 978-4-02-295081-9
定価はカバーに表示してあります。

落丁・乱丁の場合は弊社業務部(電話03-5540-7800)へご連絡ください。
送料弊社負担にてお取り替えいたします。

朝日新書

関ヶ原大乱、本当の勝者

日本史史料研究会／監修
白峰 旬／編著

家康の小山評定、小早川秀秋への問鉄砲、三成と吉継の友情物語など、関ヶ原合戦にはよく知られたエピソードが多い。本書は一次史料を駆使して検証し、従来の〝関ヶ原〟史観を根底から覆す。東西両軍の主要武将を網羅した初の列伝。

翻訳の授業
東京大学最終講義

山本史郎

めくるめく上質。村上春樹『ノルウェイの森』、芥川龍之介『羅生門』、シェイクスピア「ハムレット」、トールキン「ホビット」……。翻訳の世界を旅しよう！ＡＩにはまねできない、深い深い思索の冒険。山本史郎（東京大学名誉教授）翻訳研究40年の集大成。

コロナが加速する格差消費
分断される階層の真実

三浦 展

大ベストセラー『下流社会』から15年。格差はますます広がり、「上」と「下」への二極化が目立つ。コロナはさらにその傾向を加速させる。バブル・氷河期・平成3世代の消費動向から格差の実態を分析し、「コロナ後」の消費も予測する。

シニアのための
なぜかワクワクする片づけの新常識

古堅純子

おうちにいる時間をもっと快適に！ シニアの方の片づけには、この先どう生きたいのか、どう暮らしたいのか、限りある日々を輝いてすごすための「夢と希望」が何より大切。予約のとれないお片づけのプロが、いきいき健康に暮らせるための片づけを伝授！